사람은 무엇을 위해 사는가

에드워드 하워드 그릭스 지음   정명진 옮김

사람은 무엇을 위해 사는가

초판 1쇄 발행   2013년 10월 15일

원제   For What Do We Live?
엮은이   에드워드 하워드 그릭스
지은이   정명진
펴낸이   정명진
디자인   정다희

펴낸곳   도서출판 부글북스
등록번호 제300-2005-150호
등록일자 2005년 9월 2일
주소   서울시 노원구 하계동 279번지 청구빌라 101동 203호
            (139-872)
전화   02-948-7289
팩스   02-948-7269
전자우편 00123korea@hanmail.net

ISBN   978-89-92307-79-6 13190
가격   13,000원

All Things Must Pass.
For What Do We Live?

사람은 무엇을 위해 사는가

에드워드 하워드 그릭스 지음   정명진 옮김

인간의 삶은
누구도 피할 수 없는 실험이다

인간 삶의 문제만큼 흥미로운 문제도 없다. 왜냐하면 삶의 문제에는 최종적인 해답이 절대로 있을 수 없기 때문이다. 한마디로 요약하면, 인간의 삶은 누구도 피하지 못하는 실험이라 할 수 있다.

만일 인생을 잘 사는 방법을 다 알 때까지 삶을 시작하지 않는다면, 우리는 결코 삶을 시작하지 못할 것이다. 만일 우정을 가꾸는 요령을 다 터득하고 또 여러 사람들이 함께 어울릴 때 그 성격들이 서로 어떤 식으로 작용하는지에 대해 훤히 알 때까지 친구를 사귀지 않는다면, 우리는 친구를 하나도 갖지 못한 상태에서 죽음을 맞게 될 것이다. 만일 어떤 한 분야에서 자신의 능력을 능동적으로 발휘할 길을 다 알기 전까지 직업을 선택하지 않는다면, 우리는 자신의 소명을 절대로 찾아내지 못할 것이다.

따라서 우리 인간은 과감하게 무엇인가를 하고 나설 필요가 있다. 우리가 바랄 수 있는 것은 기껏 다음 걸음을 밝혀줄 정도의 등불이다. 우리는 그 등불을 용감하게 받아들어야 한다. 그리고 그 등불이 다음 걸음을 비춰줄 것이라고 굳게 믿어야 한다.

모든 인생이 안고 있는 이런 실험적인 요소는 곧 인생은 과학으로는 절대로 정리되지 않는다는 것을 의미한다. 삶은 언제나 기술의 영역에 속한다는 뜻이다.

오늘날 기술은 우리가 알고 있는 것들 중에서 가장 실망스러운 분야이면서 또 동시에 가장 고상한 분야이다. 기술이 더없이 실망스러운 이유는 우리가 그 끝에는 절대로 닿지 못하기 때문이다. 우리의 모든 성취는 그것을 바탕으로 또 다시 도전해야 하는 새로운 실패에 지나지 않는다는 뜻이다. 그런 한편으로 기술은 우리가 아는 것들 중에서 가장 고상하기도 하다. 앞에 말한 것과 똑같은 이유에서다. 우리가 노력만 하면 언제나 조금씩 더 나아지기 때문이다.

우리는 절대로 최종적인 해결책을 찾지 못한다. 하나의 성취는 새롭게 영감을 불러일으키면서 또다시 노력하게 만든다. 이런 식으로 계속 노력하다 보면 우리는 정신의 성장을 무한히 꾀할 수 있을 것이다.

게다가, 과학은 가르쳐질 수 있지만 기술은 실천을 통해서만 얻어질 수 있다. 교사와 학생의 정신이 올바른 상태라면, 과학의 사실들과 원칙들은 교사의 정신에서 학생의 정신으로 전달이 가능하다. 그러나 기술을 가진 교사가 기대할 수 있는 최대의 성취는 최소한의 비판을 통해서 학생이 행동하도록 자극하고 그 행동에 나타나는 잘못을 바로잡아주는 것이다. 기술을 터득하는 것은 어디까지나 학생 본인의 몫이다. 학생이 스스로 노력하고 실천해야만 기술을 터득할 수 있게 되는 것이다. 가장 고상하면서도 가장 보편적인 기술이 바로 삶의 기술이 아닐까? 지금까지 그려진 그림 중에서 가장 훌륭한 그림은 시간과 자연을 배경으로 인생이라는 색깔로 선한 행동을 그린 그림이다. 시인의 머리나 가수의 입으로 불린 그 어떤 노래보다도 더 경이로운 노래가 바로 아름다운 날들이라는 멜로디로 엮어낸 아름다운 인생이다.

이 책에 실린 글은 결코 끝이 없는 삶의 기술을 쉽게 풀어 전할 것이다. 인생의 문제들을 해결해줄 사상 같은 것은 전혀 제시하지 않으며 독단적인 이론도 제시하지 않는다. 이 책은 독자 여러분이 인생의 문제들과 그것들을 지배하는 법칙들을 더욱 더 뚜렷하게 인식할 수 있도록 도와줄 것이다. 아울러 인생의 경이와 의미를 깊이 들여다보게 함으로써 삶을 살다가 힘든 순간이나 아름다운 순간을 직면할 때 보다 잘 대처할 수 있도록 도와줄 것이다.

차례

Life has
meaning.

1부

사람은 무엇을 위해 사는가

　　오늘날 우리의 삶을 보면 양면적인 특성이 많이 보인다. 꿈은 높은데 현실로 이룬 것은 아주 보잘것없고, 포부는 큰데 성취는 형편없다. 또 가슴 깊은 곳에는 이상주의가 자리 잡고 있는데 겉으로 드러나는 행동은 온통 천박한 물질주의이다. 모든 것이 돈을 기준으로 평가되고 있다. 경제, 산업, 경영의 문제들만 그런 것이 아니다. 교육과 예술, 사랑과 종교조차도 그렇다. 그럼에도 우리 모두 마음속으로는 이 기준이 헛되다는 사실을 언제나 잘 알고 있다.

우리는 황금을 찾아 땅을 파고 있다. 황금에 우리의 삶을 투자하고 있다. 그런 다음에는 우리의 삶을 투자해 얻은 그 황금을 너털웃음을 웃어가며 탕진한다. 그러다 보면 어느 순간에 운명의 여신이 들이닥칠 것이다. 우리는 겉으로 보기에는 물질주의자이지만 속을 보면 이상주의자이다. 행동을 보면 너무나 야비한데도 포부는 아주 높을 수 있다.

무엇이 우리를 이처럼 양면적인 존재로 만드는가? 우리가 경솔해서 그런가, 아니면 미숙해서 그런가, 그것도 아니면 무관심해서 그런가, 사고가 깊지 않아서 그런가? 한 가지 확실한 것은 이 문제를 철저히 파고들고, 이 우주와 조화를 이루고, 또 사리에 맞는 삶의 철학을 세우려고 노력하는 사람이 거의 없다는 사실이다. 그러한 철학이 없으면, 삶은 너절하고, 파편적이고, 통일성과 합리성과 일관된 목표를 결여하게 된다. 행동도 그때그때의 기회와 외부의 영향에 좌우되며 크게 흔들리는 모습을 보이게 된다. 말하자면 불쑥불쑥 튀어나오는 본능이나 주위의 사건이나 타인의 입

김에 삶이 크게 좌우된다는 뜻이다.

삶의 철학

소크라테스가 말하기를, "검증되지 않은 삶은 살 가치가 없는 삶이다."라고 했다. 놀랄 만한 명언이라 아니할 수 없다. 세월이 흐를수록, 소크라테스의 말이 옳다는 믿음이 더욱 강해지고 있다. 삶에 대한 검증이 철저히 이뤄지지 않는다면, 영구한 것과 일시적인 것을 어떻게 구분할 것이며 그 자체로 가치 있는 것들이 어떤 것인지를 어떻게 알 수 있겠는가? 또 어떻게 자신의 삶을 현실의 중심에 놓을 것이며, 그 삶에 합리성과 통일된 목적을 부여할 수 있겠는가? 따라서 일관되게 옳고 현명한 행동을 하기 위해선 그 기반으로 매우 신중하게 다듬은 삶의 철학이 반드시 필요하다.

도덕적 회의

오늘날 사회에 팽배한 도덕적 회의가 삶의 철학의 필요

성을 웅변으로 강조하고 있다. 당신은 지금 도덕적 회의가 우리 사회에 얼마나 널리 퍼져 있는지 알고 있는가? "정치와 경영에 이상(理想)이 설 자리가 전혀 없어."라는 말이 자주 들린다. 정치와 경영 쪽에 이상이 설 자리가 없다면, 이상의 자리는 어디란 말인가? 정치라면 사람들의 정치적 관계와 사회적 관계가 이뤄지는 영역이고, 경영이라면 사람들의 산업 및 경제 활동이 이뤄지는 영역이 아닌가. 정치와 경영에 이상이 설 자리가 전혀 없다는 말은 곧 이상이 사람들의 삶에 아무런 자리를 차지하지 못하고 있다는 말이나 다를 바가 없다. 이상은 오직 추론적인 이론에서만 존재한다는 뜻이다.

그 결과 우리 사회에 사리(私利)의 추구가 지배적인 기준으로 정착하게 되었다. 비(非)사회적인, 말하자면 비도덕적인 행위를 통해 부(富)를 일군 사람들에게도 사회 전반이 존경심을 표하고 있다. 그 부가 어디서 비롯되었는지, 아니면 그 부가 어떤 목적에 쓰이는지에 대해서는 전혀 묻지 않고 말이다. 생필품을 통해서 무분별하게 이익을 챙기는 것에 대해서도, 식료품의 가격을 조작하여 돈을 버는 것에 대해서도, 주식과 채권을 교묘하게 거래하여 돈을 버는 것에 대해서도 아무도 나무라지 않는다. 오히려 그런 식으로 부를 일군 사람들이 사회 어디를 가나 존경을 받고 명예를 얻고 있다. 물론 그런 사람들의 행위도 법의 테두리 안에서 이뤄질 것이지만, 그러다 보면 급기야 그런 사람들은 스스로를 사회의 기둥으로 여기게 된다. 아무리 돈이 지배하는 사회라 하지만 이렇게 되어서야 어찌 인간이 주인인 사회라고 말할 수 있겠는가?

위선의 풍조

이 같은 사회 분위기가 젊은이들에게 어떤 영향을 미치는지 보자. 젊은이들을 아주 어릴 때부터 망쳐놓고, 그들의 삶의 뿌리들을 그 잔뿌리부터 잘라버리고 있다. 그러다 보니 그들은 아름다운 꽃을 피우고 열매를 맺을 기회조차 가져보지 못한다. 그 결과 많은 젊은이들은 약삭빠르게 남을 속이고 파렴치할 만큼 이기적이어야 성공할 수 있다는 인식을 가진 상태에서 인생을 출발하게 된다. 그러한 젊은이들에게는 힘들여 정직하게 일하는 길은 무식하고 어리석은 사람들의 길로 여겨진다. 보다 쉽고, 보다 보상이 많은 길을 선택하지 못할 만큼 배우지 못했거나 세련되지 못한 사람들이나 힘든 일을 하며 정직하게 살아가게 된다는 생각이 젊은이들을 지배하게 되는 것이다.

따라서 우리 생활의 모든 영역에서 겉모습을 중요하게 여기는 위선의 풍조가 팽배하게 되었다. 세속적인 성공을 빨리 이루는 데는 겉으로 드러나는 모습이 진정한 인간됨됨이보다 더 중요하게 되었다. 그러다 보니 겉모습을 가꾸려는 노력이 본능적으로 행해지게 되었다. 겉모습을 중히 여기는 위선적인 풍조가 워낙 강한 나머지 지금은 누구나 거짓말을 일삼게 되었고, 그 결과 이젠 거짓말이 원래의 목적을 달성하지도 못할 뿐만 아니라 삶의 의욕까지 망가뜨려 놓고 있다. 왜냐하면 겉모양을 좇으며 사는 것이 삶의 모든 가치들을 파괴하는 가장 확실한 방법이기 때문이다. 삶의 가치들은 오로지 우리가 실질을 중요하게 여기는 길을 걸을 때에만 성취될 수 있는 것이다.

이상과 행동

이상(理想)과 행동은 영혼과 육체처럼 서로 관련이 깊다. 이상은 스스로를 행동이라는 육체로 둘러싼다. 그러면 행동은 거꾸로 이상에 영향을 미치게 된다. 사람들은 자신이 습관적으로 행하는 것들을 믿고 또 자신이 평소 믿는 바를 행동으로 옮기는 경향이 있다. 어느 누구도 마치 이 세상에 순간의 쾌락과 그날그날의 물질적 관심 외에는 아무것도 없는 것처럼 살아갈 수는 없다. 그래서는 정신세계에 속하는 것들에 대한 믿음을 생생하게 이어가지 못한다. 그런 한편 어느 누구도 마치 자신의 영혼 속에 영원한 의미를 지니는 무엇인가가 있는 것처럼 생각하며 살아갈 수도 없다. 그래서는 정신세계에 속하는 것에 대한 믿음을 절대로 버리지 못한다. 어떤 사상운동에 사로잡힌 사람이 그 사상에 대한 의식적인 믿음을 포기하라고 강요당할 때조차도 그 믿음을 버리지 못하는 것도 바로 그 때문이다.

당신의 믿음이 생각보다 훨씬 더 깊을 때가 종종 있다. 당신의 행동을 다듬어내는 것이 바로 깊고 무의식적인 그 믿음이다.

영국의 소설가 조지 엘리엇(George Eliot)의 삶이 그런 예를 제시하고 있다. 아주 흥미로운 예이다. 그녀는 당대의 한 사조에 사로잡혀 지내면서도 지적 정직성 때문에 유감스럽게도 그 사조의 일부 위대한 명제들을 거부해야 한다고 느꼈다. 시인인 프레데릭 마이어스(Frederick Myers)는 비가 내리던 5월 어느 날 밤에 케임브리지의 트리니티 칼리지의 정원에서 그녀와 함께 산책을 하며 겪은 일에 대한 이야기를 들려준다. 자주 인용되는 이야기이다. 조지 엘리엇이 이런저런 잡다한 이야기를 나누던 중에 걸음을 멈추며 이렇게 말했다. "신, 불멸, 의무에 대해 생각해 보시죠. 신은 너무나 터무니없고, 불멸은 도무지 믿을 수 없고, 의무는 너무나 단호하고 절대적이지 않은가요!" 그러나 의무라는 개념이 그녀에게 단호하게 다가왔기 때문에 그녀는 의무를 고귀하게 살아냈으며 또한 정신적 삶의 다른 위대한 명제들을 자신이 생각하는 것보다 훨씬 더 깊이 알 수 있었다. 그래서 그녀의 책을 다 읽고 나면, 우리는 그녀가 부정해야 한다고 느꼈던 신과 불멸에 대한 믿음이 한층 더 깊어짐을 느끼게 된다.

이상과 행동을 분리시키면 둘 다 망가지게 된다. 높은 이상에 의해 다듬어지지 않은 행동은 야비하고, 저속하고, 거칠게 마련이다. 마찬가지로 사람이 이상을 행동으로 표현하려고 지속적으로 노력하지 않으면 그 이상도 공허한 환상이 되고 근거 없는 꿈이 된다. 이상은 행동으로 실현하려는 부단한 노력에 의해서만 현실화될 수 있다. 그런 노력을 통해서, 심지어 그 노력이 실패할 때조차도, 우리는 끝까지 정신에 충실하게 된다. 당연히 이상도 생기 넘치고 건전한 상태로 남을 것이다.

삶을 통해 검증되는 신앙

그리 멀지 않은 과거에는 사람이 태어나 성장한 그 사회의 종교가 자동적으로 그 사람에게 평생 동안 이상을 제시해주었다. 그러면 그 사람은 특별한 신앙 안에서 성장했으며, 또 그 과정에서 신앙에 거의 의문을 제기하지 않는 가운데 그 신앙으로부터 영적 목표와 삶에 대한 해석을 무의식적으로 받았다.

오늘날엔 많은 사람들에게 그 과정이 깨어졌다. 그래서 사람들은 아무것도 배우지 않은 상태에서 지적 영역으로 들어가서 정신적 삶을 위해 힘들게 노력하고 있다. 어린 시절과 청년 시절의 믿음을 포기하길 원한다는 뜻이 아니다. 삶 자체가 위대한 '계몽자'(awakener)이다. 그러다 보니 우리는 어느 날 갑자기 자신이 옛날에 믿었던 것을 더 이상 믿지 않고 있다는 사실을 깨닫게 된다. 바로 그런 과정을 거치며 지적 성장이 이뤄진다. 우리가 이 개념들의 영역에서 다른 개념들의 영역으로 자신도 모르게 넘어갔다가 시간이 한참 지난 뒤에야 옛날의 개념들이 사라졌다는 사실을 깨닫게 된다. 이어서 고통스런 갈등이 따를지도 모른다. 그러나 옛날 개념들의 영역으로 회귀하는 것은 불가능한 일이다. 유일한 희망은 앞으로 밀고 나가면서 옛날의 믿음보다 더 큰 믿음을 얻는 것이다.

아직 우화(羽化)를 하지 않은 나비의 번데기에서 어쩌다 날개 주머니를 떼어내는 것은 참으로 슬픈 일이다. 그러면 벌레도 아니고 나비도 아닌 괴상한 생명체가 된다. 어쩌면 나비의 번데기는 나비로 우화도 해보지 못하고 죽게 될 것이다. 그 날개 주머니는 한번 깨어지기만 하면 다시 붙이지 못한다. 이때 유일한 희망은 날개들을 키우는 방법밖에 없다.

시인 앨프리드 테니슨(Alfred Tennyson)이 '인 메모리엄'에서 이렇게 노래했을 때, 그의 표현은 아주 정확했다.

그대여, 그대로 두시오,
기도를 드릴 때 그대의 자매를.
그녀의 어릴 적 천국을, 그녀의 행복한 관점을.
그대여, 결코 혼동하지 마시오.
어둠의 암시와 즐거운 날을 이끄는 삶을

왜냐하면 인생을 산다는 것은 곧 아름다운 날들로 삶을 이어가는 것이기 때문이다. 그리고 우리가 아름다운 날들을 사는 삶의 바탕을 이루는 믿음이 그 자체로 정당하기 때문이다. 보다 큰 믿음을 열심히 가르치지 않고 타인의 믿음을 깨뜨리기만 하는 파괴적인 가르침은 대체로 도덕적으로 나쁜 영향을 낳는다.

그럼에도 불구하고, 같은 시에서 테니슨은 다음과 같이

노래하고 있다.

정말로, 어설픈 교의보다는
정직한 의심 속에 더 강력한 믿음이 싹 트네.

정말로 삶은 위대한 계몽자이다. 그리고 의심이 일어
나기만 하면, 그 의심에 눈을 감을 수 있는 길은 어디에도
없다. 누구나 의심을 용감하게 직시하고 그 의심과 그 이전
의 믿음을 모두 포용할 수 있을 만큼 더 큰 믿음을 얻으려
고 노력해야 한다.

인생의 폭풍을 온전히 다 지각하는 삶이 더 행복한가,
아니면 조용히 아무런 방해를 받지 않는 가운데 생각 없이
수용하는 삶이 더 행복한가 하는 의문이 일어날 수도 있다.
보다 큰 믿음을 이루려는 노력이 어떤 것인지를 아는 사람
들 중에서 어린 시절의 무조건적인 믿음을 간절히 소망하
는 마음으로 옛날을 되돌아보지 않은 사람은 거의 없을 것

이다. 의심을 할 만큼 깨치지 않은 어릴 적의 믿음을 말이다. 그럼에도 우리는 그런 순간들이 바로 우리 자신이 나약해지는 순간이라는 사실을 잘 알고 있다. 깨친 삶이 어떤 것인지를 잘 아는 용감한 영혼이라면 깨치지 않은 삶의 평화로는 절대로 되돌아가려 하지 않을 것이다. 설령 그 시절의 평화로 돌아가는 것이 지적 자살이나 도덕적 자살을 수반하지 않고도 가능하다 할지라도 말이다. 우리는 미래를 향해 활짝 열린 길을 환영한다. 비록 그 길이 정신적 갈등을 빚는 투기장으로 이끈다 할지라도 말이다.

믿음을 깨뜨리는 요소들

무엇보다도 먼저, 이 시대에는 믿음을 흔들어놓는 영향들이 우리에게 충격을 강하게 가하면서 낡은 믿음의 껍질을 깨고 밖으로 나오라고 강요하고 있다. 그것도 엄청난 고통을 안겨주면서 말이다. 요즘 두드러지고 있는 새로운 힘들 중 첫 번째는 민족과 문명이 광범위하게 서로 섞이고 있다는 사실이다. 과거에는 각 민족은 대부분 동떨어진 가운데서 발달을 꾀했다. 다른 민족과는 산발적으로 접촉하고 사상을 교류하는 데서 그쳤다. 그러한 때에는 각 민족의 문화는 민족적 색채를 강하게 띠었으며, 또한 도덕적 기준과 종교적 믿음은 그 민족의 정신세계의 고결한 한 부분을 이루었다. 그런 환경에서는 어떤 사람을 성장시킨 구체적인 믿음은 절대적 진리로 통했으며, 다른 모든 믿음은 이 완벽한 기준에 부합하는지 여부에 따라 판단되었다.

이제는 어느 누구도 더 이상 그런 식으로 살 수 없게 되었다. 온갖 첨단 기술이 활용되고 있는 이 시대는 지구 위의 모든 민족들을 하나로 묶어놓고 있다. 오늘날 중국과 일본은 아득한 옛날의 아테네와 스파르타, 피렌체와 로마, 아니면 겨우 몇 세기 전의 뉴욕과 필라델피아 사이보다 우리와 훨씬 더 가깝다. 각 민족의 사상과 발달 과정은 다른 모든 민족들과 아주 비슷하다. 1백 개의 민족은 1백 개의 다른 믿음을 의미하며, 각 믿음은 그 민족 문화의 고결한 한 부분이라는 점을 우리는 인정하지 않을 수 없게 되었다. 따라서 어떤 사람이 태어나면서 자연스럽게 접하게 된 그 믿음이 절대적 진리임과 동시에 다른 믿음들을 판단하는 기준이 된다는 생각을 더 이상 할 수 없게 되었다. 편견이 아주 심하거나 무식한 사람이 아니라면 그런 식으로 생각해서는 절대로 안 된다.

지식의 대중화

이와 똑같은 결과를 낳고 있는 두 번째 요소는 현재 심화되고 있는 지식의 대중화이다. 널리 보급되고 있는 지식은 절대로 깊은 지식이 아니다. 오히려 부끄러울 만치 피상적인 지식이다. 그런데도 대다수의 사람들이 그런 지식에 빠져 지내고 있다. 오늘날엔 인류 역사상 처음으로 어느 분야에서든 글을 읽을 줄 아는 사람이면 누구나 '세상이 알고 있는 모든 것'을 접할 수 있게 되었다. 그 결과 옛날에 탁월한 철학자가 직면했던 것을 오늘날엔 모두가 직면하게 되었다. 플라톤과 아리스토텔레스, 단테 같은 인물들이 봉착했던 의문들을 지금은 의식이 있는 사람이라면 누구나 직면해야 한다. 우리 모두는 지적 영역으로 떼밀려 들어가서 자신의 믿음을 더욱 성장시키고, 이 우주와 조화를 이루려 노력하면서 삶의 바탕을 찾으려 애를 쓰고 있다.

현대과학

모든 요인들 중에서 가장 중요한 것은 믿음의 바탕까지 흔들어놓고 있는 현대과학의 발견과 사상들이다. 19세기는 정말로 과학의 세기라 할 만 했다. 19세기를 선도하며 그 지적 삶을 비옥하게 가꾼 사상들을 쏟아낸 분야는 역시 자연과학이었다. 더욱이 과학을 이성적으로 조직된 정확한 지식의 통합체라고 본다면, 우리는 과학의 반 이상이 19세기 100년 동안에 축적되고 검증되고 분류되었다는 사실을 인정하지 않을 수 없다. 이는 믿기지 않는 업적이지만, 그게 사실이다.

지식이 이런 식으로 엄청나게 넓게 확장되다 보니, 불가피하게 우리가 알고 있는 모든 것들에 대한 관점에도 변화가 일어났고 우리가 믿었던 모든 것의 바탕이 크게 흔들렸다. 수없이 많은 예들 중에서 2가지만 제시하겠다. 우리의 사고를 혁명적으로 바꿔놓은 2개의 분야에서 선택한 예이다.

첫 번째 예는 천문학 분야이다. 그리 멀지 않은 과거에 사람들은 지구가 우주의 중심이라고 철석같이 믿었다. 따라서 사람들은 모든 천체는 지구와 그 위에 사는 인간을 위해 존재한다는 생각을 품게 되었다. 또 신(神)이 낮에 우리의 길을 밝히도록 하늘에 태양을 배치하고 밤에 우리의 길을 밝히도록 별과 달을 배치했다고 생각했다. 그러다 보니 신이 보살피는 주요 대상은 인간이며 신은 주로 인간사의 세부적인 사항을 돌보는 일에 전념하고 있다고 믿기 쉬웠다.

그러다 현대의 천문학이 인간들에게 지구는 태양 주위

를 돌고 있는, 상대적으로 보잘것없는 구체(球體)에 지나지 않으며, 우리의 전체 태양계도 우리가 알지 못하고 짐작조차 하지 못하는 곳으로 움직이고 있으며 수많은 항성들과 세계들로 이뤄진 혼돈 속의 한 파편에 지나지 않는다는 사실을 분명히 보여주었다. 우리가 매일 보는 불덩어리 태양도 우주 공간에 점점이 흩뿌려져 있는 거대한 발광체들과 비교하면 아주 작다. 상상하기 어려울 만큼 빠른 빛이 지구와 가장 가까운 붙박이별에서 지구까지 닿는 데 걸리는 그 긴 시간을 한번 생각해보라. 그리고 무수히 많은 이 별들이 저마다 하나의 태양이며 지적 존재들이 살고 있을지도 모르는 행성들을 거느리고 있다는 사실을 머릿속으로 그려보라. 그러면 우리는 저절로 머리가 숙여지며 그 옛날의 부족장보다도 더 깊은 감정으로 "아, 보잘것없는 인간이여!"라고 외치게 될 것이다.

두 번째는 생물학의 예이다. 얼마 전까지만 해도 인간이 특정한 어느 시기에 출현했다는 이론이 일반적으로 받아들여졌다. 아울러 이 지구 위의 인류의 역사는 상당히 정확히 알려진 것으로 여겨졌다. 또 인간은 식물과 동물의 왕국이 인간을 위해 창조되었다고 생각하면서 스스로 이 우주에서 매우 중요한 존재라는 인식에 우쭐해 하며 만족할 수 있었다.

그러나 현대과학이 인간이 지구상에 존재한 역사가 수십 만 년에 이른다는 사실을 입증했다. 새로운 발견이 이뤄질 때마다 그 역사가 더욱 뒤로 밀리고 있다. 또한 생물학은 한 방울의 물 안에서 헤엄을 치고 있는 단세포에서부터 가장 높은 곳에 자리한 인간에 이르기까지 그 생명의 고리에는 어떠한 단절도 없다는 것을 우리에게 보여주었다. 또한 인간의 육체와 정신과 도덕적 본질을 보여주는 특징들 중 어떠한 것이든 하등 유기체에서, 적어도 세균에서는 상상 가능하다는 점을 보여주었다. 그러자 다시 우리는 "영혼은 어디서 생겨났지? 아니 정신에 실체라는 것이 있기는 한가? 이제 우리가 믿을 수 있는 것은 뭐야?"라고 외쳤다.

현대의 문제

이러한 것들이 옛날의 믿음들을 뿌리째 뽑고 있는 영향들이다. 이 시대를 사는 우리가 바라지 않는 가운데 들이닥친 영향들이다. 따라서 우리는 이 문제를 철저히 검토하고 우주와 조화를 이룰 길을 찾고 각자 사리에 맞는 삶의 철학을 찾아내야 한다. 그런 철학이 있어야만 그것을 바탕으로 가치 있는 행동이 나오게 될 것이다.

내가 나 자신의 삶의 철학에 대해 예전보다 조금 더 충실하고 더 솔직하게 언급하길 원하는 이유도 바로 거기에 있다. 나에게는 인생의 문제에 대한 완벽한 해결책 같은 것은 전혀 없다. 나는 그런 해결책들이 가능하리라고 믿지 않는다. 유한한 마음이 무한의 요소가 걸린 문제를 종국적으로 해결할 수 있을 것이라고 기대해서는 안 된다. 정신적 믿음과 철학의 문제들은 예외 없이 무한한 요소들을 안고 있다.

우주관은 불가피하게 개인적일 수밖에 없다. 똑같은 것

을 보는 두 사람은 있을 수 없다. 철학을 언제나 철학의 역사 속에서 연구해야 하는 이유가 바로 거기에 있다. 각각의 학설은 단지 어느 위대한 정신이 스스로를 우주에 맞추려고 노력한 흔적에 불과하다. 그 학설이 우리에게 지니는 최고의 가치는 하나의 도전으로서 우리 자신의 사고를 명백히 밝히도록 하고 또 우리 자신이 이 우주에 맞추려고 노력하도록 자극한다는 점이다.

테니슨이 다음과 같이 노래한 이유도 바로 거기에 있다.

"우리의 허약한 체계도 한때가 있게 마련이야.
그 한때를 보내고 나면 없어지겠지만."

우리의 허약한 학설을 폐기하는 것도 학설을 만들어내고 또 그것을 행동으로 실천하는 것만큼이나 중요하다. 우리의 관점은 언제나 상대적이다. 우리가 보고 아는 모든 것은 지적 성장의 단계에 따라 늘 변하게 되어 있다.

인생의 길을 모색하는 질문들

그러나 이 대목에서 우리가 자신의 목적과 부합하는 멋진 삶을 영위하기 위해서 절대적인 것까지 굳이 알 필요는 없다는 사실을 강조하는 것이 중요하다. 인간 의식의 궁극적인 실상까지 지적으로 증명할 필요는 없다는 뜻이다. 우리가 해야 하는 것은 우리가 행동의 바탕으로 감히 믿을 수 있는 것이 무엇인지를 아는 것이다. 우리는 마치 만물의 운행 뒤에 어떤 '신성한 정신'이 있거나 아니면 이 우주가 단지 "각 원자들의 우연한 일치"에 지나지 않는 것처럼 살아갈 수 있는가? 우리는 마치 인간의 영혼에 영원한 무엇인가가 있는 것처럼 살거나 아니면 인간이 오늘 있다가 내일 없어지는 식물처럼 살아갈 수 있는가? 우리는 마치 우리자신이 자유로운 존재여서 자신의 행동에 책임을 져야 하거나 아니면 마치 모든 행위가 맹목적으로 결정되는 힘들, 즉 우리의 통제력이 전혀 미치지 않는 힘들의 결과인 것처럼 살아갈 수 있는가? 이런 것들은 우리 삶의 특징을 파악하는 데 필요한 질문들이다. 우리가 자각하든 자각하지 않든, 우리의 모든 행위는 이 질문들에 이런저런 식으로 대답을 하고 있다.

따라서 내가 할 수 있는 것은 나 자신이 성장해 가고 있는 지금 이 단계에서 나의 모든 사고를 바탕으로 본 인생이 어떤 모습인지를 들려주는 것뿐이다. 오늘 생각하는 인생은 어제의 관점에서 본 인생과는 다소 달라 보인다는 점을 인정하고, 또 한 걸음을 더 떼게 될 내일의 인생은 오늘의 인생과는 또 다른 모습일 것이라는 사실을 믿으면서 말이다.

인생이라는 작은 배는 망망대해의 파도를 헤치며 앞으로 나아가려고 버둥거리고 있다. 그 작은 배를 타고 있는 우리는 멀리 내다보지 못한다. 우리는 작은 배가 물마루에 올라설 때 잠시 험난한 바다를 두루 살펴볼 수 있을 뿐이다. 그러다 멀리 푸른 하늘을 배경으로 우뚝 솟은 산과 야자나무가 있는 섬이 보이기라도 하면 우리는 행복해 한다. 그것도 잠깐뿐이다. 또 다시 바다의 물결이 우리를 둘러싸면 그 안에 파묻혀 우리는 아무것도 보지 못하게 된다. 내가 제시할 수 있는 것이라곤 단 하나의 물마루 위에서 본 광경뿐이다. 그 다음 물마루가 무엇을 보여줄 것인지에 대해서는 아무도 예측하지 못한다.

일상의 태도

따라서 최종적인 해결책을 바라지 않고 단지 잠정적이고 현실적인 철학만을 기대한다면, 우리는 과연 무엇을 위해 사는가?

사람들을 그들의 대체적인 행동을 기준으로 판단한다면, 우리는 대다수의 사람들이 삶을 사는 이유를 잘 모르고 있으며 또 그러면서도 그 이유를 알고자 하지도 않는다는 점을 인정해야 할 것이다. 깊이 사고하는 소수의 사람들도 대부분이 가슴에 깊은 슬픔을 안고 있다. 그럼에도 불구하고, 생각하는 사람이나 생각하지 않는 사람이나 똑같이 거의 모든 사람의 내면에는 삶에 대한 본능적인 애착이 자리 잡고 있다. 건전한 보통 사람들은 거의 자살을 하지 않는다는 사실이 매우 중요하다. 평범한 사고 안에 불가해한 어떤 건강한 낙천성 혹은 낙천적인 불가지론이 자리 잡고 있다. 많은 사람들이 흔히 쓰는 표현이 있다. "우리가 여기 있는 것은 우리가 여기 있기 때문이야."라기도 하고, "어디로 가고 있는지는 모르지만 어쨌든 우리는 어디론가 향하고 있어!"라고 하기도 한다. 이런 표현에 그런 불가해한 건강한 낙천성이 담겨 있다. 다른 뭔가를 위한 수단으로서가 아니라 그 자체로 가치 있는 무엇인가가 평범한 삶 안에 있다는 직관적인 믿음이 있다.

돈?

무엇이 가치 있는가? 다시 사람들의 대체적인 행동을 바탕으로 대답을 하자면, 대부분의 사람들은 돈이 세상의 다른 어떤 것보다 더 좋다고 생각하는 듯 보인다. 사람들을 보고 있으면 열정을 쏟을 목표가 돈 외에는 아무것도 없는 것처럼 보인다. 돈을 쓰는 것은 물론이고 순수한 쾌락을 즐기고, 아내와 아이들과 친구와 즐거운 시간을 보내고, 훌륭한 책을 읽고, 음악과 조각과 그림을 감상하고, 자연의 아름다움을 조용히 감상하는 것도 돈벌이에 밀리고 있다. 대부분의 사람들을 보면 모든 행동이 오로지 부를 챙기는 것으로만 모아지는 것 같다.

현대사회에서 돈이 가장 큰 물질적 파워라는 점을 인정해야 한다. 옛날에는 부(富)는 상류계급의 한 부속물이었다. 그러나 오늘날엔 상류계급이 부의 한 부속물이 되었다. 나의 짐작엔, 오늘날 진정한 상류계급이 있는지는 모르지만 만약에 있다면 지금의 상류계급이 인류 역사상 가장 통속적인 이유가 바로 거기에 있을 것이다. 상류계급이 거의 전적으로 부에만 근거하고 있기 때문이다. 돈이 있으면 욕망을 충족시킬 수 있는 것들을 살 수 있다. 아첨도 사고, 나약한 인간들도 사고, 알랑쇠도 사고, 자동차도 사고, 온갖 종류의 조잡한 사치품들을 살 수 있을 것이다. 그러나 이런 것들은 그다지 가치 있는 것이 아니다. 그것들은 인생을 타락시키기만 할 것이다.

돈이 순수한 즐거움을 더 많이 살 수 있는 것은 사실이다. 훌륭한 책을 읽고 아름다운 그림과 조각을 감상하고 고상한 음악을 듣고 다른 문명을 접할 여유를 갖고, 또 친구에게 도움의 손길을 펴고 당신보다 처지가 더 나쁜 사람을 도울 기회를 열어준다. 물론 이런 것들도 가치 있는 것들이다. 그러나 가치 있는 것은 돈 자체가 아니다. 돈으로 가능해진 그 보살핌이 중요한 것이다. 돈은 신도 섬길 수 있고 악마도 섬길 수 있다. 돈이 대체로 어느 쪽을 더 열심히 섬기는지에 대해서는 우리 모두가 다 잘 알고 있다. 정말이지, 돈 자체엔 가치가 하나도 없다.

쾌락?

다시 사람들을 그 행동으로 판단한다면, 물질적 부(富)

다음으로는 쾌락이 널리 추구되는 목표인 것 같다. 그리고 상스럽고 감각적이고 자극적인 것일수록, 더욱 쾌락적인 것으로 여겨지고 있다. 이 시대는 쾌락을 광적으로 추구하는 것이 하나의 특징이다. 쾌락의 추구를 정당화하기 위해 제시된 인간 진보의 이론까지 있다. 진보를 평가하는 잣대가 바로 물질적 욕구의 폭이라는 견해가 있는 것이다. 그건 그릇된 이론이다. 욕구의 단순한 증가는 절대로 진보의 지표가 될 수 없다. 진보의 진정한 평가 기준이 될 수 있는 것은 보다 고차원적인 욕구에 대한 자각과 또 저차원적인 욕구를 고차원적인 욕구로 대체하려는 노력이다.

게다가 인간 삶의 쾌락에 관한 모든 이론에는 중요한 오류가 한 가지 있다. 쾌락주의 혹은 에피쿠로스 철학은 쾌락이 고통보다 더 큰 삶이면 정당화된다는 견해를 보이고 있다. 당신의 오른쪽 손바닥에 즐거운 느낌과 감정을 모두 올려놓고, 당신의 왼쪽 손바닥에 고통의 느낌과 감정을 모두 올려놓아라. 그런 다음에 오른쪽 손바닥에 올려진 것과 왼

쪽 손바닥에 올려진 것을 하나씩 차례대로 들어낸 다음에 오른손에 무엇인가가 남는다면, 그 삶은 가치가 있는 삶이라는 견해이다. 그러한 것이 바로 삶의 쾌락이론이다.

그렇다면, 쾌락의 총합은 어디에 있는가? 이론에만 있을 뿐이다. 인생에는 그런 것이 절대로 없다. 경험에 비춰보면, 그와 반대로 유쾌한 순간이 즐거운 이유는 오직 그 순간이 다른 모든 순간들과 철저히 차단되어 있기 때문이다. 저급하기 짝이 없는 감각에서부터 지고한 감정에 이르기까지 두루 적용되는 엄격한 법칙이 한 가지 있다. 무엇이든 즐기기 위해서는, 그것을 줄기차게 경험하길 바라서는 안 된다는 것이다.

그 흔한 음식과 음료수에 대한 욕구를 예로 들어보자. 이 욕구야말로 삶의 평범한 쾌락의 주요 원천이다. 돈이 많고 여가시간을 다양한 활동에 투자하는 건강한 사람일지라도 먹는 행위를 끊임없이 즐길 수는 없다. 만일 어떤 사람이 몇날 며칠을 계속해서 하루에 여러 차례 식사를 하려 든다

면, 10가지 이상의 음식이 나오는 진수성찬일지라도 오래
지 않아 그 즐거움은 하수도를 파는 노동자가 점심시간에
일터에 앉아서 양상추 잎을 넣은 흑빵 두 조각을 먹는 즐거
움보다 못할 것이다.

　모든 감정적 경험에 이와 똑같은 법칙이 적용된다. 예를
들어 당신이 아주 좋아하는 음악이 있는데 그것을 쉬지 않
고 4시간 동안 연속해서 듣는다고 상상해 보라. 그러면 당
신은 스트레스를 잔뜩 받든지 아니면 청각이 무디어져 음
악이 들리지 않든지 둘 중 하나가 될 것이다. 사랑도, 우정
도, 그리고 도덕적 이상을 향한 열망도 마찬가지이다. 고양
된 감정의 순간이 가능한 것은 오직 그 순간이 다른 순간들
로부터 철저히 차단되어 있기 때문이다.

　따라서 쾌락의 총합 같은 것은 절대로 없다. 각각의 고
양된 순간은 산으로 치면 그 자체로 고립된 하나의 정상이
며, 그렇게 고립되어 있기 때문에 즐거울 수 있는 것이다.
가치 있는 것은 순간이다. 수많은 해가 쌓인 세월이 아닌 것

이다. 우리는 순간을 지배할 수는 있다. 그러나 여러 해가 쌓인 세월은 운명이다. 그럼에도 불구하고, 그 세월도 무한에 비춰보면 정말로 무의미하다. "신의 찰나를 인간들은 세월이라고 부른다." 우리가 세월을 신의 찰나로 보는 것은 바로 최고 절정의 순간에서이다. 우리 앞엔 영원이, 바로 이 순간이 놓여 있다. 우리는 후회하거나 갈망하지 않고 세월을 바라볼 것이다.

따라서 인생은 최고의 순간들에 의해 정당화된다. 단테의 '지복직관'(至福直觀)의 순간, 파우스트가 인생의 끊임없는 창조에서 자신의 의지와 우주의 의지가 일치하고 있다는 것을 자각하는 순간, 그리고 자기 자신까지 망각하는 장엄한 영웅적 행위의 순간은 단지 이 땅 위에 그저 머물기만 한 무수히 긴 세월보다 더 가치가 있다. 이런 종류의 경험을 다른 종류의 경험에 비춰 평가하는 것은 불가능하다. 이런 종류의 경험과 다른 종류의 경험은 서로 다른 영역에 속한다.

사람의 인격이 과거의 모든 것을 축적하면서 성장해가는 것은 사실이다. 고통과 쾌락, 기쁨과 슬픔이 모두 그 사람의 인격으로 녹아드는 것이다. 그러나 그것은 쾌락의 총합과는 완전히 다른 것이다. 절대로, 쾌락은 인생의 목표가 될 수 없다.

행복?

크게 보면 행복마저도 인생의 목표로 삼기에는 조금 이상하다. 행복이란 것은 당신이 찾을 때에는 좀처럼 발견되지 않는다. 행복은 종종 당신이 기대하지 않은 때 불쑥 찾아온다. 그러나 만일 당신이 행복을 누릴 가치가 있는 삶을 살지 않는다면, 행복은 절대로 찾아오지 않는다. 행복은 느낌에 나타나는 뜻밖의 부산물이지 결코 인생의 목적은 아니다.

명성?

그렇다면 명성은 어떤가? 분수에 벗어날 정도로 명성을 누릴 때가 종종 있다. 정당한 근거 없이 명성을 누리는 것은 위선으로 가는 가장 확실한 길이다. 명성을 누릴 자격이 충분할 때조차도, 명성이란 것은 한줄기 바람처럼 덧없기 짝이 없다. 절대로, 명성은 가치 있는 것이 아니다.

세속적 성공?

세속적 성공이 있다. 세속적 성공은 돈과 권력과 지위와 쾌락과 명성으로 이뤄진다. 각 부분이 진실해야만 그 부분들의 총합도 진실해지는 법이다. 정말이지, 세속적인 성공은 가치가 없다.

가치 있는 인생이란?

그렇다면 다른 무엇인가를 이루는 수단으로서가 아니라 그 자체가 하나의 목적으로서 가치 있는 것은 무엇인가?

진정으로 말하는데, 삶 자체가 살아볼 가치가 있는 것이다. 우리가 활력과 성실로 임할수록 그만큼 더 치열하게 갈망하게 되는 것이 바로 삶이다. 기쁨만을 갈망하는 것이 아니다. 그보다는 우리는 파우스트와 함께 이렇게 외치고 있다.

"인류 모두에게 부과된 것을
내가 나의 내면에서 스스로 맛보고자 하노라."

인생은 고통과 기쁨이고, 투쟁과 성취이며, 또 빛과 그림자이다. 그런 것이 인생이다. 우리가 갈망하는 것은 바로 그런 인생이다. 우리는 인간적이기를 간절히 바라고, 모든 인류의 경험을 공유하길 간절히 바라고, 모래밭의 물거품 같은 존재에서 벗어나 적어도 하나의 물결로 성장하여 인생이라는 대양의 웅장한 심장박동에 맞춰 위로 솟았다가 떨어지곤 하는 그런 존재가 되기를 간절히 바라고 있다.

이는 평범한 사람이나 위대한 사람이나 똑같이 모든 사

람들의 내면에 있는 방랑의 기질을 잘 설명해 주고 있다. 방랑벽은 젊은 시절에 누구에게나 보편적으로 나타나는 현상이다. 젊은 시절을 마감한 뒤에도 세월이 흐르면서 그 기질이 거듭 나타나게 된다. 그것은 곧 삶에 대한 근본적인 갈증이다. 삶만이 그 자체로 살아볼 가치가 있는 유일한 것이다.

우리가 본인의 뜻과 관계없이 처하게 된 환경에 대해 보편적으로 불만을 품는 이유에 대한 설명으로도 이 욕망이 아주 적절하다. 다른 어딘가에 위대한 기회가 있을 것이라는 꿈은 언제나 있어왔다. "당신이 없는 그곳에 행복이 있어!" 이건 하나의 착각이다. 그러나 또 다른 측면에서 보면, 이건 단지 알찬 인생에 대한 갈망을 표현한 것에 불과하다.

우리 인간의 고차원적인 포부에도 그와 똑같은 충동이 작용하고 있다. 예술에 대한 심미안을 얻고자 하는 포부에도, 옛날의 위대한 사상을 통달하고자 하는 포부에도, 외국의 풍광과 새로운 사람들을 접하고자 하는 포부의 밑바닥에도 그런 충동이 깔려 있다. 이러한 포부들은 세상의 모든 것을 온전히 자신의 내면으로 녹여내겠다는 욕망이다.

게다가 인생은 생물학적으로나 정신적으로나 지속적으로 성장하는 것이다. 인생에서 정지란 것은 한 순간도 있을 수 없다. 끊임없는 변화가 인생이다. 그 변화는 곧 발전이다. 우리 인간은 성장하는 한에서만 존재한다. 도덕적으로나 지적으로나 성장을 멈추는 그 순간, 우리는 자신에게는 슬픈 일이겠지만 우리의 쇠퇴에 따른 악취로부터 동료들을 보호하기 위해서라도 땅에 묻혀야 한다.

인생의 두 가지 측면, 즉 생물학적 측면과 정신적 측면을 보면, 성장은 단순히 더하기 식으로 직선으로 나아가지 않고 작용과 반작용, 활동과 무활동의 과정을 보이면서 앞으로 나아간다. 인생은 파동을 일으키며 펼쳐진다. 그렇기 때문에 인생의 단계는 개인에게나 민족에게나 똑같이 명확히 구분된다.

인생의 단계들

유전심리학이 아직 초기 단계에 있음에도 불구하고, 인생의 중요한 장(章)들은 오래 전부터 명확히 구분되었다. 그 장들을 우리는 유년기, 청년기, 원숙기, 노년기라고 부른다. 인생이 살 가치가 충분하듯이, 이 장들 하나하나도 충분히 가치가 있다. 각각의 장이 펼쳐지는 동안에는 그 장만의 특별한 가치를 추구하며 살아야 한다. 오늘날엔 이런 인식이 널리 받아들여지고 있지만, 인생의 각 단계를 이런 식으로 보기까진 아주 오랜 세월이 걸렸다. 특히 유년기가 이런 식으로 인식되기까지는 더 많은 세월이 필요했다. 교육뿐만 아니라 예술 분야에서도 이 이야기가 그대로 통한다. 비잔틴 미술은 천년 동안이나 아이 예수를 신체 크기만 줄여 노인 같은 괴상한 모습으로 그려왔다. 브르타뉴 해안의 외딴 예배당에 가도 그런 그림을 볼 수 있고, 관광객들이 좀처럼 찾지 않는 이탈리아의 오지 마을에 가도 그런 그림을 볼 수 있다. 유럽 어딜 가나 농민들이 성모 마리아의 그림을 단순히 종교적 상징으로만 중요하게 여기고 예술로는 전혀 생각하지 않은 곳이면 그런 그림들이 보인다. 지금 내가 설명하고 있는 그 전형적인 마리아의 그림을 모두가 다 잘 알고 있을 것이다. 마리아의 팔에는 어김없이 기묘하게 생긴 작은 늙은이가 도저히 불가능할 것 같은 자세로 앉아 있을 것이다. 그런 유형의 그림이 그 오랜 세월 동안 거듭해서 그려졌다.

그러다가 르네상스 초기의 어느 순간에 일단의 화가들이 별안간 "아이는 어른하고 달라. 어쨌든, 아이는 어떤 모습일까?" 하고 의문을 제기했다. 그래서 그들은 아이를 벗겨놓고 구석구석 살핀 결과 아이들은 신체의 모양, 그리고 몸통과 머리와 사지의 비율이 어른들과는 매우 다르다는 사실을 깨달았다. 그리하여 르네상스 미술에 와서 아주 멋진 아이의 초상이 탄생하게 되었다.

유년기

우리가 유년기를 다루는 데 있어서도 이와 똑같은 일이 벌어졌다. 예전에는 아이들은 어른들의 눈에 띄기는 하되 소리를 내어서는 안 된다는 식의 대접을 받았다. 가능한 한 작게 보여야 했다는 뜻이다. 아이들은 단지 어른들을 위할 때에만 높이 평가받았다. 성장하기 위해선 반드시 아이가 되어야 했기 때문에, 우리는 어린 시절을 그냥 너그럽게 보아왔다. 그 바탕에 깔린 사상은 유아기를 가능한 한 빨리, 그리고 가능한 한 말썽을 일으키지 않고 보내야 한다는 것이었다.

그러던 것이 최근에 갑자기 유아기는 원숙기와는 다른 별도의 세계라는 사실에 눈을 떴다. 유아기만의 경험이 있고, 유아기만의 즐거움과 슬픔이 있다는 인식이 생겨난 것이다. 그 결과 우리는 유아기를 인생에서 별도의 단계로 여기게 되었고, 또 유아기를 그 시기만의 특별한 가치를 위해 충실히 살아야 하는 시기로 생각하게 되었다.

청년기

유년기와 그에 이은 과도기를 지나면, 인생의 그 다음 장이 펼쳐진다. 청년기이다. 인격의 탄생이 이뤄지는 시기이다. 우리 모두는 두 번 태어난다. 아니, 어떤 사람은 그보다 더 많이 태어난다. 자주 태어날수록 좋다. 왜냐하면 각각의 새로운 탄생은 새로운 충동으로 인생을 새롭게 출발한다는 의미이기 때문이다. 괴테(Johann Wolfgang von Goethe)는 만년에 청년기의 각성 같은 것을 연거푸 경험했다. 이보다 더 행복한 운명을 상상하기 어려울 것이다. 누구에게나 최소한 두 번의 탄생이 있다. 첫 번째는 육체적으로 이 세상에 태어나는 것이고, 두 번째는 젊음이 시작할 때 정신의 세계로 들어가는 것이다. 두 가지 탄생 모두 위험하다. 제대로 성장하지 못한 아이들 대부분이 유년기에 죽는 것처럼, 청년기는 도덕생활에 아주 중요한 시기이다. 범죄 성향이 가장 빨리 발달하는 것도 바로 이 시기이다. 이 시기를 건전한 도덕생활로 무난히 넘기고 나면, 훗날 범죄 성향이 발달할 위험이 크게 줄어든다.

청년기의 이런 위험한 특성은 단지 그 시기에 삶의 위대한 가능성들이 펼쳐진다는 사실을 보여주는 것에 지나지 않는다. 청년기는 영적 개성이 탄생하는 시기이기도 하다. 청년들은 어느 순간 갑자기 이런 생각에 빠질 수 있을 것이다. "난 철저히 혼자야. 나와 이 우주의 다른 모든 생명의 사이에는 영적 간극이 아주 깊어." 이런 각성에는 엄청난 고통이 수반될 수 있다. 그런데도 부모들은 자기 자식들이 겪고 있는 정신적 갈등에 대해 너무 모르고 있다. 늘 그런 것은 아니지만, 청년의 문제는 거의 대부분이 부모의 잘못에 따른 것이다.

이런 각성과 더불어 능동적인 사랑의 힘도 청년기에 새롭게 찾아온다. 어린이의 사랑은 대부분 수동적이다. 꽃들이 햇빛에 잎을 여는 것과 비슷하다. 햇빛이 쏟아지면, 꽃잎이 열린다. 하지만 태양이 침묵을 지키면, 꽃들도 잎을 꼭 닫은 채 열지 않는다. 아이들도 이와 똑같다. 애정의 햇볕이

따스하게 아이들을 비추면, 아이의 가슴은 꽃잎이 벌어지듯 활짝 열린다. 그러나 사랑의 햇살이 부족하면, 아이의 가슴은 피지 않은 꽃잎처럼 꼭 닫혀 있다. 그러나 청년기의 의식적인 개성의 각성과 함께, 그 영적 간극을 뛰어 넘어 다른 인생들과 손을 잡을 새로운 힘이, 인생의 위대한 관계들 속에서 서로 주고받으면서 능동적으로 사랑할 힘이 새로 생겨난다. 그리하여 시대를 초월하여 이 지구 온 곳에서 자신의 인간성을 완성시켜 줄 동무를, 짝을, 인생의 반려자를 찾으려는 노력이 펼쳐진다.

이와 똑같이, 인생의 위대한 이상도 태어난다. 어느 한 순간에 이런 생각이 떠오를 수 있을 것이다. "나는 이 세상의 누구와도 달라. 나의 능력의 크기는 과거나 미래의 그 어떤 사람과도 달라. 그렇다면 나는 뭘 해야 하지? 나 자신을 실현할 수 있고 이 세상에 내가 아는 것을 제공하게 할 나의 사명과 나의 천직은 뭐야?" 그리하여 올바른 방향을 발견하고 계속 그 길로 나아가려는 노력이 시작된다. 물론 힘이 들 때도 종종 있다.

학교에서 흥미를 느꼈거나 교사의 성격과 잘 맞았다면 아이는 학교에서 꽤 잘 배웠을 것이다. 세월이 흘러 이젠 그 아이에게 지혜와 미(美)에 대한 의식적인 갈망이 일어나고 있다. "내 나이에 알아야 하는 만큼 알고 싶고, 지혜로워야 하는 만큼 지혜롭고 싶어. 나의 유산을 갖고 나의 인생을 실현할 수 있도록, 자연과 예술의 아름다움을 탐구하고 싶어."

종교생활에 있어서 대부분의 개종이 청년기에 일어나는 것은 결코 우연이 아니다. 개종은 청년기에 이뤄져야 한다. 우주와 조화를 이루고 믿음의 바탕을 다지려는 최초의 위대한 노력은 영적 개성의 탄생에 있어서 지극히 정상적인 한 단계이다.

청년기에 일어나는 이런 독특한 경험과 활동은 그 자체로 독립적인 가치를 지닌다. 유년기의 경험이나 활동과 마찬가지로, 청년기의 경험과 활동도 반드시 거쳐야 한다. 그래야만 청년기라는 장(章)이 그 자체로 행복하고 가치 있는 것이 된다. 만일 어떤 사람이 인생에 대한 깨달음이라는 위대한 단계를 경험하지 않고 청년기를 지난다면, 그 결과 그 사람은 정신적 장애를 영원히 갖게 될 것이다.

원숙기

청년기는 원숙기로 이어진다. 이상을 실현시키는 짧은 기간이다. 우리가 꿈꾸었던 것들 중 일부를 성취하는 시기이다. 아무리 노력해도 이상의 일부밖에 이루지 못한다. 그것이 인생이다. 그리고 성취는 그 성취를 고무했던 무한한 꿈에 비하면 언제나 초라해 보이게 마련이다. 이 시기는 얼마나 짧은지 모른다. 불과 몇 십 년에 불과하다. 30년 아니면 40년이며, 가끔 50년이 되기도 한다. 모두 다 실현하자면 어쩌면 영원의 세월이 요구될지도 모를 이상들을 구현하기에는 턱없이 모자라는 시간이다. 그럼에도 그것은 우리의 기회이다. 아주 훌륭한 기회이다.

우리는 몇몇 타인들과 깊은 관계를 확고히 맺고 있다. 또 사랑을 하고 일을 하면서 인생에서 많은 것을 실현하고 있다. 이때 사랑과 일을 긍정적으로 받아들이는 사람에게는 앞으로 나아가는 성장이 이뤄지게 된다.

노년기

원숙기를 지나면, 인생의 마지막 장인 노년기가 온다. 우리 모두는 노년기를 무서워한다. 손이 떨리고 시력이 약해지는 현상이 참으로 애절하게 다가온다. 고대의 그리스인들은 노년기를 조금 뒤에 다가올 죽음 못지않게 무서운 것으로 받아들이며 그 시기를 애써 외면하려고 노력했다. 우리 모두의 마음도 그리스인들과 크게 다르지 않다.

그럼에도 불구하고, 불꽃이 인생이라는 벽난로의 맨 밑바닥에서 낮게 타기 때문에 그림자들은 더 이상 벽에 어른거리지 않는다. 불꽃이 맹렬히 탈 때에는 그림자들 또한 벽에 맹렬히 비쳤는데 말이다. 벽난로 바닥에서 불꽃을 일으키지 않고 얌전히 타는 석탄의 빛 속에서 우리 또한 모든 것을 차분한 시선으로 흔들림 없이 바라볼 수 있게 된다. 그러다 그 불은 시간이 조금 더 흐르면 사그라지게 된다. 젊은이들은 열렬해야 하고, 능동적이어야 하고, 독창력과 활력이 넘쳐야 한다. 늙은이들은 슬기로워야 하는데, 만일 인생 자체가 꾸준한 성장이었던 사람이라면 아마 저절로 슬기로워질 것이다. 이렇듯 노년기는 지혜의 시기이다.

그런데 현대인들은 이 지혜의 시기에 대해 아는 바가 전혀 없다. 모두가 젊음을 추구하고 있기 때문이다. 노년에 접어든 사람들을 존경하기는커녕 경멸하는 분위기가 강하다. 현대인은 정력적이고 지칠 줄 모르는 행위에서 긍지를 느끼고 있다. 그 행위가 뚜렷한 목적이 없는, 그야말로 단순한 움직임에 지나지 않을 때조차도 거기서 긍지를 느끼는 사람들이 많다. 노인에 대한 공경이라는 옛날의 미덕이 거의 사라지다시피 한 것도 아마 이런 분위기 때문일 것이다. 훌륭한 유대인 가족을 제외하고는 노인에 대한 공경이

거의 사라져버렸다. 만일 손녀가 할머니와 잘 지내지 못하는 상황이 벌어진다면, 따로 나가서 살아야 할 사람은 할머니 쪽일 것이다. 젊은이들을 떠받드는 상황이 벌어지고 있는 것이다.

성장으로서의 삶

한 사람의 인간 존재로서 성장할 때, 노년기는 지혜의 기회라는 것을 우리는 배워야 한다. 영국의 시인 로버트 브라우닝(Robert Browning)이 '랍비 벤 에즈라'에서 그 아름다운 이미지들을 그릴 때 품었던 생각이 바로 그런 것이었다. 해가 지고, 황적색의 잔광이 하늘을 가득 채우고 있다. 만일 지혜로운 존재라면, 우리는 "행동을 무색하게 만들고 잿빛에서 영광을 불러내는" 그 시간을 이용하여 우리가 휴식과 수면과 밤이 약속하는 새로운 날을 생각하기 전에 먼저 우리 뒤로 떠나보내고 있는 하루의 의미를 더듬게 될 것이다.

노년기는 그래야 한다. 만일 우리가 바르게 살았다면 우리의 노년기는 그렇게 될 것이다. 밤을 직면하기 전에, 그리고 감히 말하건대 그 밤이 예언하는 새 날을 맞이하기 전에, 지혜의 이삭들을 거둬들이고 또 뒤로 흘려보내는 그 모든 것들의 의미를 한데 모아 정리하는 시간이 되어야 한다.

위대한 장들로 나눠보면 우리의 인생은 그렇다. 각 장은 그 나름의 독립적인 의미를 지니며, 각 장(章)을 살 때에는 그 장만을 위해 살아야 한다. 그러면서도 전체 인생과 조화를 이룰 수 있어야 한다. 요약하면 인생은 성장이다.

브라우닝의 시 '클레온'은 이렇게 외친다. "성장하지 않을 것이라면 이 땅에 머무는 이유가 뭔가?"라고. 끊임없는 향상심을 보여주는 표현이다. 그렇다. 성장의 가능성은 무한하다. 너무 높은 나머지 그보다 더 높은 생각이 그 위에 얹어질 수 없는 그런 생각을 우리는 절대로 떠올리지 못한다. 또 너무 감미로운 나머지 그보다 더 깊은 사랑은 없다고 자신 있게 말할 수 있는 그런 사랑도 우리는 절대로 상상하지 못한다. 행동도 마찬가지이다. 행동이란 무엇인가?
아무리 고매한 행동일지라도 무한한 대양(大洋)의 가장자
리 모래밭에 난 물결 자국에 지나지 않는다. 그리고 인간 존
재가 세월의 모래밭에 남긴 물결자국이 제아무리 높을지
라도, 그 흔적은 언젠가는 지워지게 되어 있다. 높은 파도
가 밀려오면 모래밭의 그보다 낮은 흔적은 꼼짝없이 지워
지게 되어 있다.

　가장 고매하고 가장 높은 것도 한 순간만 가장 고매하고
가장 높을 뿐이다. 칼라일(Thomas Carlyle)이 그랬다. "당
신이 보는 가장 높거나 가장 먼 그것이 바로 무한이나 다름
없다."라고. 그런 것이 곧 무한이다. 그러나 그것을 보는 순
간, 당신은 반드시 그 위를 보게 되어 있다. 우리가 무한이
무엇인지 그 정의를 결코 내리지 못하는 이유가 바로 거기
에 있다. 무한에 대한 정의를 내린다는 표현 자체가 모순이
다. "정의(定義)는 곧 부정(否定)이다."라는 말이 있다. 정
의한다는 것은 부정하는 것이고 한계를 정하는 것이다. 그

리고 무한을 정의하려고 노력한다는 것은 한계 없는 것에 한계를 정하려고 시도하는 것이다. 따라서 신에 대한 당신의 생각을 정의할 때, 당신은 그보다 더 높은 어떤 개념을 받아들일 준비를 갖추게 된다. 당신의 철학을 체계적으로 세우려는 노력의 중요한 가치는 그 철학의 바탕 위에 올라서서 그보다 더 넓은 곳을 바라볼 수 있다는 사실에 있다.

따라서 거짓된 것으로부터 진실한 것으로 지적 성장이 이뤄지는 경우는 극히 드물다. 그보다는 낮은 곳의 제한적인 시각에서 보다 포용적인 시각으로 나아가는 것이 지적 성장이다. 모든 진지한 삶은 현실과 연결을 맺고 있다. 만일 어떤 사람이 전적으로 정직하거나 전적으로 잘못될 수 있다면, 우리에게는 희망이 전혀 없을 것이며 또한 어느 누구도 진리를 보지 못할 것이다. 우리가 진리를 보는 시각에 성장을 이룰 수 있다는 희망을 품을 수 있는 것은 인생이 믿을 만하고 그렇기 때문에 인생의 모든 정직한 경험이 믿을 만하다는 사실에 있다. 잘못은 관점의 한계에, 말하자면 보이지 않는 것을 바탕으로 해서는 우리의 관점을 바로잡지 못하는 그 무능력에 있다. 다시 말하면 부분을 전체인 양 착각하며 전체를 보지 않고 그 부분을 곡해하는 것이 잘못이라는 뜻이다.

프톨레마이오스와 코페르니쿠스

극단적인 예를 제시하며 이 문제를 조금 더 쉽게 살펴보고자 한다. 그래도 이해하기가 아주 어려운 문제이다. 만일 이 원칙이 여기서 명확하게 제시될 수 있다면, 그것을 보편적으로 적용하는 것이 쉬워질 것이다.

아득한 옛날의 프톨레마이오스 천문학은 지구가 우주의 고정된 중심이며, 태양과 행성과 별들이 지구 주위를 돌고 있다고 주장했다.

코페르니쿠스의 천문학은 우리에게 프톨레마이오스와 다른 관점을 보여주었다. 지구가 자체의 축을 중심으로 매일 회전하는데 이 때문에 천체가 움직이는 것처럼 보이지만 사실은 지구가 태양 궤도를 일 년에 한 번씩 돈다는 사실을 입증해보인 것이다.

이 두 학설은 분명히 정반대이다. 프톨레마이오스의 학설은 틀렸고, 코페르니쿠스의 학설은 진리이다. 그럼에도 불구하고, 우리의 일상 언어에서는 문학에서와 마찬가지로 옛날의 학설을 바탕으로 이야기하고 있다. 우리는 이런 식으로 말한다. "태양은 동쪽에서 떠서 서쪽으로 진다."라고. 움직이는 것이 태양이 아니고 지구라는 사실을 다 잘 알고 있는데도, 우리 모두는 왜 이런 식으로 말을 하고 있는가? 우리가 매일 아침 태양이 동쪽에서 떴다가 저녁에 서쪽으로 지는 것을 보고 있기 때문이다. 그리고 밤에 하늘을 보면 별들이 하늘을 가로질러 움직이는 것이 보인다. 프톨레마이오스 천문학의 언어는 우리의 실제 경험을 정확히 묘사하고 있다.

달리 말하면, 오감의 차원에서만 본다면 프톨레마이오스의 학설은 우리가 보는 것에 대한 설명으로 옳다. 즉 우리의 경험에 대한 해석으로 적절하다는 뜻이다. 프톨레마이오스의 천문학이 진리가 아니라는 사실을 발견하는 것은 우리가 이성의 단계로 올라설 때이다. 거기서 우리는 프톨레마이오스의 천문학이 진리인 것처럼 보인 이유까지 확인하게 된다.

따라서 코페르니쿠스 천문학은 그 자체의 진리와 함께 옛 학설의 진리까지 아우르게 된다. 우리가 프톨레마이오스의 이론 안에 안주하는 동안에는 그 이론이 전적으로 만족스러웠다. 갈릴레오의 망원경으로 하늘을 살피길 거부한 그 천문학자가 만일 마음의 평정을 깨뜨리고 싶지 않아서 그랬다면, 그는 현명했다. 코페르니쿠스의 학설을 이해한다는 것은 곧 그 학설을 받아들인다는 뜻이다. 왜냐하면 코페르니쿠스의 학설은 이성의 결과물인 새로운 학설의 진리뿐만 아니라 오감의 차원에서 나온 그 전의 관점까지도 똑같이 포용하고 해석하기 때문이다.

진정한 자유주의

이 원칙은 보편적으로 적용된다. 지적 성장은 낮은 차원의 진리에서 보다 높은 차원의 포괄적인 진리로 나아가는 것이다. 따라서 진정한 자유주의의 시금석은 어떤 사람이 스스로 극복했다고 믿는 그 전의 관점들을 동정적으로 평가하는가 하는 점이다. 만일 당신이 자신의 관점보다 아래에 있다고 여겨지는 관점들을 거만하게 경멸하고 있다면, 그렇게 하지 않도록 조심해야 한다. 그런 식의 자유주의는 더없이 비(非)자유주의적인 태도이다. 이와 반대로 만일 당신 스스로 극복했다고 믿는 그 태도와 믿음들을 이해심과 동정심을 갖고 본다면, 당신은 자신이 조금 더 높이 올라갔다는 생각을 편하게 할 수 있을 것이다.

지적인 삶

그러므로 진리를 충직하게 추구하려면 두 가지 노력이 필요한데 이 두 가지 노력 모두 매우 중요하다. 첫 번째는 삶이 우리에게 가르쳐주는 모든 진리에 충실해야 한다. 삶의 진리를 흐리게 할 주장이나 이론을 절대로 허용해서는 안 된다. 다른 하나는 우리가 알고 믿는 모든 것들을 삶을 살며 추가로 얻게 된 경험과 보다 고차원적인 진리에 비춰가며 새롭게 정리하려고 노력해야 한다는 점이다. 이 두 가지 노력 중 어느 하나를 추구하는 것은 비교적 쉬운 일이다. 그러나 두 가지 노력을 동시에 지속적으로 펴는 것은 정말 어려운 일이다. 그럼에도 그러한 노력이 진리를 인식하는 능력을 키우는 조건이다.

더욱이, 누구나 당대의 지적 운동에 지배당해서는 안 된다. 삶의 영구한 요소들을 바탕으로, 지적 운동의 덧없음을 알고 그 운동을 꿰뚫어볼 수 있어야 한다. 위대한 사상은 절대로 시대에 뒤떨어지지 않는 법이다. 그렇기 때문에 위대한 사상은 어느 특정한 시대의 편협한 관점에서는 절대로 태어날 수 없다. 지혜란 것은 언제나 상큼하고 신선하다. 왜냐하면 그것이 치열하게 사는 개성에 의해 얻어지는, 관계

속에서 본 삶의 관점이기 때문이다.

따라서 지적 삶은 끝 없는 성장의 과정이다. 우리는 이 우주를 흔히들 신의 관점이라고 부르는 그런 관점으로는 절대로 보지 못한다. 우리의 시각은 언제나 유한하지만 무한을 향해 늘 성숙을 꾀하고 있다. 신과 같은 존재가 되기를 인간은 영원히 희망하고 있다. 우리의 지적 삶은 신의 형상을 닮아가는 끝없는 과정이다. 실제로 신의 형상이 된다는 뜻이 아니라 그럴 잠재력을 이야기하는 것이다. 그 형상을 닮아가는 과정이 인생이다. 삶을 치열하게 사는 사람만이 진리를 볼 수 있다. 진리는 미래에 사용하기 위해 건조한 형태로 밀봉하여 간직할 수 있는 그런 것이 아니다. 진리는 치열하게 살며 성장하는 마음과 정신만이 획득할 수 있는, 언제나 변화하는 관점이다.

인생의 모든 영역에 이 원칙이 똑같이 적용된다. 우리가 성취한 것이 아주 하찮아 보일 수 있다. 그러나 그 가치는 우리라는 존재가 그 성취를 통해서 성숙해가는 바로 거기에 있다. 괴테가 60년에 걸친 끊임없는 창작을 거치면서 삶의 다양한 실들을 이용하여 '파우스트'라는 다양한 색깔의 경이로운 옷을 엮어낼 때, 그 작품은 단순히 이 세상의 예술의 보고(寶庫)에 더해지는 또 하나의 걸작만은 아니었다. 초반의 장면들은 젊음이라는 반짝이는 실로 부드럽게 짜였고, 후반부의 장면들은 노년의 끊어진 실을 갖고 흐릿해진 시력과 떨리는 손으로 고통스럽게 짜였다. 그 걸작을 창작하는 과정을 통해서 괴테 본인도 스스로를 성취하고 잠재력을 현실로 실현하고 신이 의도한 그런 존재가 되었다. 괴테는 자신의 삶 자체가 자신의 가장 위대한 작품이라는 것을 잘 알았다.

그렇기 때문에 다른 인생과 개인적인 관계를 맺는 것은 기쁨과 봉사의 길을 열어줄 뿐만 아니라 양쪽 당사자에게, 이를 테면 남편과 아내, 부모와 자식, 친구와 친구에게 성장의 기회를 열어주기도 한다. 사랑이 가장 깊은 곳까지 닿은 것 같은데도 그 사랑이 하루하루 깊이를 새로이 더하면서 우리를 놀라게 만들고 즐겁게 만드는 것은 사랑의 성스러운 영광이다. 성실에 대한 보상은 점점 커져가는 사랑과 지혜이다.

고독

인생이란 것이 모든 측면에서 끊임없이 전진하는 것이라고 해서 줄기차게 행동만을 해야 한다는 뜻은 아니다. 침묵 속에 일어나는 무의식적 성장을 철저히 배제해야 한다는 뜻이 아닌 것이다. 영적 삶의 씨앗들은 어둠 속에서 싹을 틔운다. 아이들이 정원에서 놀 때 흔히 그러듯, 씨앗이 싹을 틔웠나 궁금해서 흙을 파곤 하면 자칫 생명의 핵(核)을 파괴할 수 있다. 내면의 삶에 지나치게 신경을 써서는 안 된다. 차분히 수동적으로 수용하는 시간도 치열하고 의식적인 행위의 시간 못지않게 필요하다. 그 리듬을 잘 탈 줄 알아야 한다. 정신의 삶에는 고독이 반드시 필요하다. 특히 자연의 아름다움을 직면하고 있을 때, 고독이 더욱 필요하다.

정신의 감수성으로 미(美)를 깊이 들이키고 꿈을 꾸고 공
상의 나래를 펴는 데도 몇 시간 아니 며칠을 쏟아야 한다.
차분한 관점과 나아갈 방향을 가르쳐 주는 것이 바로 영적
휴식인데, 매우 바쁘게 움직이는 현대인에겐 이 휴식이 절
대적으로 부족하다. 그럼에도 공상이 지나치게 멀리 나가
게 되면 영적 마비와 정신적 정체가 일어날 수도 있다. 치열
하고 일관된 행위와 공상 사이에 균형이 잘 이뤄져야 한다.

삶의 기술

삶의 멋진 기술은 아주 단순하기도 하고 아주 복잡하기
도 하다. 삶의 기술은 단지 앞과 뒤를 살피고, 과거를 기억
하고 미래를 바라보면서 매 순간을 충실하게 사는 것이다.
그러면서 후회나 욕망으로 매 순간이 품고 있는 생명력을
잃는 일은 없어야 한다. 그게 전부다. 쉬운 듯 보이지만 실
천하기는 지극히 어렵다. 간혹 불가능해 보일 때도 있다.

인생은 삶을 이루는 4개의 위대한 오솔길들, 다시 말해

일과 사랑과 수양과 신앙의 길을 줄기차게 올라가는 것을
의미한다.

봉사

삶이 한 사람의 인생에서 성장을 의미하듯, 삶은 다른
사람들의 인생에서의 성장을 의미하기도 한다. 그리고 타
인들이 인생의 성장을 이루도록 돕는 것은 자기 자신을 위
해 끊임없이 성장하는 것 못지않게 의미 있는 삶의 목적이
될 수 있고 또 그 자체로 가치 있는 일이다. 성장과 봉사는
각각 인간 의식의 정점을 이루고 있다. 그 외의 다른 모든
것들은 성장과 봉사로 발전할 수 있지만 성장과 봉사는 그
외의 다른 것으로 바뀌지 않는다.

정말로, 다른 사람들이 성장하도록 돕는 거야말로 진정
한 봉사이다. 그러나 다른 사람들이 게으름을 피우면서 스
스로 만족하도록 하는 것은 절대로 봉사가 아니다. 맹목적
인 희생이 미덕으로 여겨지고 있지만, 어떻게 보면 그것은

단지 미덕을 가장한 이기심에 지나지 않으며 그 때문에 정상적인 수준의 갈등보다 오히려 더 나쁘다. 희생이 쉽게 이뤄지는 곳에서는 언제나 그걸 경계해야 한다. 어떤 사람들은 이런 식으로 말한다. "뭘 위해 살아야 할지 모르겠어. 내 인생은 아무런 가치가 없어. 그러니 어떤 대의를 위해 살거나 다른 누군가를 위해 살아야겠어." 절대로 그렇게 해서는 안 된다. 만일 당신의 삶이 당신 자신에게 아무런 가치가 없다면, 그 삶을 내팽개치거나 다른 사람에게 그 부담을 지우지 않도록 하라. 당신이 당신의 삶을 가치 있는 것으로 만들 때까지 기다려라. 그러다 보면 당신의 삶은 아주 소중해질 것이다. 이 세상은 강직한 사람들의 희생을 필요로 하고 있다. 약한 사람들의 희생을 필요로 하는 것이 아니다. 진정한 봉사는 약한 자를 강하게 만들고, 그들이 스스로를 돕도록 만드는 것이다. 약한 자들이 타인에게 의존하는 상태에서 편안하게 지내도록 하는 것은 봉사가 아니다.

사람은 누구나 받는 데서보다 주는 데서 더 큰 행복을

느낀다. 어느 누구도 가파른 산을 홀로 올라가지 못한다. 다른 사람들이 산을 올라가도록 도와줄 때 우리도 자연히 그 산을 오르게 된다. 산을 오르고 있다는 사실을 거의 의식하지 못하는 가운데서 말이다.

인간과 자연

현대 사회학에서는 개인의 인생 목표와 자연의 목표는 서로 정반대라는 이론이 널리 받아들여지고 있다. 이 이론의 관점은 개인은 언제나 자신의 행복을 추구하는 반면에 자연의 목표는 종(種)의 보존이라는 것이다. 두 주장 모두 틀렸다. 개인은 언제나 자신의 행복을 추구한다는 첫 번째 주장은 인간의 본성을 모욕하고 있고, 자연이 종의 보존을 추구한다는 두 번째 주장은 생물학적 과정을 잘못 해석하고 있다.

행복이란 것이 전적으로 하나의 부산물이라는 것을, 우리가 열망하는 것이 단순히 쾌락이 아니라 삶이라는 것을 우리는 앞에서 분명히 살펴보았다. 소크라테스는 "선한 사람에게는 살아생전이나 죽은 후에나 악한 일이 일어날 수 없다"는 강한 확신으로 독배를 받아들었다. 그리고 이탈리아 사상가 조르다노 브루노(Giordano Bruno)는 화형 기둥에 묶인 상태에서 불꽃이 자신을 삼킬 때 "기꺼이 순교자가 되겠노라!"라고 외쳤다. 이들은 고통보다 쾌락이 더 많은 삶을 추구하지 않았다. 아니, 그들은 자신과 동료들의 삶의 성숙에 몸을 바쳤다.

물론 자연이 무엇인가를 "추구한다"고 말하는 것은 매우 철학적인 표현이다. 우리가 할 수 있는 것이라곤 생물학적 과정의 결과를 발견하는 것뿐이다. 종의 보존은 그 목표가 아니다. 테니슨은 자연에 대해 이야기한 뒤에 다음과 같이 말했다.

"자연은 종(種)엔 그렇게 친절한데도
각각의 생명엔 그다지도 무심하느니라."

이런 식으로 말하는 테니슨이 사회학자들보다 훨씬 더 우수하다. 그는 다음과 같이 외치면서 비관의 더욱 깊은 골짜기로 내려간다.

"'종(種)을 그다지도 소중히 여긴다고?'
그러나 그렇지 않아
깎아지른 절벽과 깨어낸 돌에서
자연은 외치노라. "천 가지 종(種)이 사라졌네. 나는 아무것도 돌보지 않아. 모두가 사라질 거야."라고.

우리가 볼 수 있는 그 과정의 유일한 결과는 새로운 개인들의 탄생이다. 그런데 이 개인들은 존재의 조건에 더 잘 적응하게 된다. 따라서 두 가지 목표는 하나의 목표이다. 사람과 자연에게 있어서 그 목표는 삶이며 삶은 곧 성장이다.

단테의 해결책

좀 이상하게 들릴지 모르지만, 여기서 우리는 겉으로 보기에 정반대인 것처럼 보이는 그 두 가지 목표들이 아주 경이롭게 하나로 용해되는 예를 찾기 위해서 중년 시절의 단테를 찾아야 한다. 그 용해는 『신곡』 중 '연옥'의 아름다운 한 구절 안에서 일어나고 있다. 단테는 연옥으로 들어가기 전에 몇 부류의 영혼들을 만나는데, 모두가 자신의 죄를 참회할 가치조차 없는 영혼이다. 그 영혼들은 먼저 헛되이 보낸 옛날의 게으름부터 극복해야 한다.

그 중에는 죽는 마지막 순간까지 회개를 미룬 영혼들이 있다. 그들은 평생 자기 자신만을 위해 살다가 여기에 들어오기 직전에 마음을 바꾸었다. 어쨌든 그들은 연옥으로 들어올 것이며, 그들을 내쫓지 않을 것이라고 나는 짐작한다. 그러나 그 영혼들은 늘 신의 전투에 나가 싸운 군인 성인들의 옆에 설 자격이 없는 것은 확실하다. 그렇기 때문에 그들은 자신들의 구체적인 죄에 대한 참회를 하기 전에 먼저 헛되이 낭비한 세월의 짐부터 벗어야 한다.

단테는 거대한 바위 그늘 밑에 서 있는 영혼들의 무리를 우연히 만난다. 그 중 한 영혼을 단테가 알아본다. 이 친구는 "얼굴을 두 무릎 사이에 파묻은 채 두 손으로 무릎을 감싸고 앉아" 있었다. 게으르기 짝이 없는 자세였다.

단테는 그 영혼에게 비웃듯 인사를 건넨다. "벨라콰, 자네가 앞으로 어떻게 될 것인지엔 관심이 없어. 그러나 무슨 연유로 자네가 여기 있게 되었는지 궁금하네. 호위자를 기다리고 있는 건가? 아니면 자네의 평소 버릇 때문인가?"

단테는 그를 잘 알았다. 그는 피렌체에서도 게을렀고 여기서도 게으르다. 죽음이라는 무서운 사건도 그를 조금도 바꿔놓지 못했다. 그의 태도를 바꾸기는 거의 불가능할 것 같다.

벨라콰가 일어서지 않고 대답한다. "오 형제여, 올라가봐야 무슨 소용이 있겠어? 문을 지키고 있는 신의 천사가 들여 보내주지 않을 텐데. 사랑을 베푸는 가슴에서 우러나

오는 기도가 나를 돕지 않으면 별 수 없어."

사랑의 법칙

친구들에게 세속적인 도움을 줄 수 없는 경우에는 기도라도 해 주면 도움이 된다고 생각하는 사람들의 믿음을 경멸할 뜻은 전혀 없다. 그런 믿음은 나에게도 언제나 아름답게 보였다. 그런 생각을 품은 사람에게도 마음의 위안이 될 것임에 틀림없다. 아마 그것이 사실일 것이다. 사람이 아무것도 할 수 없는 상황에서도 사랑은 힘을 발휘한다. 당신이 등에 무거운 짐을 잔뜩 지고 산을 오르고 있다고 상상해보자. 그때 당신을 끔찍히 사랑하는 사람이 옆에 있다면, 그 사람은 아마 "짐을 대신 질 수 있으면 좋으련만."이라고 할 것이다. 그런데 그의 손과 등에도 이미 무거운 짐이 지워져 있다. 이런 상황에서 당신은 당신을 도우려는 그 사람의 사랑과 갈망이 당신의 짐을 가볍게 만들어 산을 오르는 일을 훨씬 더 쉽게 만든다는 사실을 잘 알고 있다.

심지어 짐을 더 더했는데도 짐의 무게가 한결 가벼워지는 경우도 간혹 있다. 자식 사랑이 지극한 부모는 그런 사실을 잘 알고 있다. 당신이 등에 짐을 잔뜩 지고 가는데 어린 자식이 "아빠, 도와 드리고 싶어요."라고 말한다면, 당신은 그 아이를 두 팔로 번쩍 들어 안고서도, 말하자면 혼자 오를 때보다 짐을 2배나 더 진 상태에서도 훨씬 더 쉽게 산을 오를 것이다.

윤리의 최고봉

그러나 단테가 만난 영혼들은 첫 기도조차 하지 않았다. 첫 기도란 그들 자신의 진정한 노력을 뜻한다. 혼신의 힘을 다해 노력해보기 전까지는, 당신에겐 신이나 다른 사람들에게 도와달라고 부탁할 권리가 없다.

그렇다면 단테는 그 영혼들을 위해서 어떻게 해야 했는가? 그들과 나란히 앉아서 "오, 가엾은 영혼들이여, 그대들 때문에 내 가슴이 무너져 내리는구나."라고 말해야 했는가? 오늘날 많은 자선행위들이 이런 식으로 이뤄지고 있다. 사람들이 게으르게 남에게 의존하는 상태에서 마음 편하게 지내도록 만드는 이런 방법은 분명 잘못되었다.

단테가 해야 했던 것은 절대로 그런 식이 아니다. 영혼들은 단테에게 육체가 있다는 것을 알고는 호기심에 끌려 단테 주변으로 몰려든다. 단테를 에워싼 영혼들은 이승에 있는 친구들이 자신들을 위해 기도를 올리며 주문한 것들을 도로 가져 가달라고 요구하여 그를 질리게 만든다.

베르길리우스가 말한다.

"내 뒤를 따라라. 영혼들이 뭐라 하든 그냥 내버려 둬라. 견고한 탑처럼 가만있어야 해. 꼭대기에 거센 바람이 몰아쳐도 절대로 흔들리지 않는 탑처럼."

그리고 영혼들이 점점 더 가까이 몰려올 때 베르길리우스는 이렇게 말한다.

"이 자들이 우리를 세게 몰아붙이고 있구나.

자네에게 간청하러 오네.

그래도 계속 앞으로 나아갈 것이며, 그렇게 걸어가면서 귀를 기울이도록 하라."

이것은 중세의 윤리적 가르침이 남긴, 높은 물결의 흔적이다.

"그래도 계속 앞으로 나아갈 것이며, 그렇게 걸어가면서 귀를 기울이도록 하라."

간혹 나는 이 가르침이 모든 윤리적 가르침들 중에서 최고봉을 이루는 관점이 아닐까 하고 생각해본다. 당신이 올라가야 할 산이 있다. 그러면 산을 쉬지 않고 올라가라. 그러면서 다른 사람들이 산을 오르려고 애를 쓰다 혹시 발부리라도 걸려 비틀거리고 있지는 않은지 살피도록 하라. 만일 그런 사람이 있다면 도중에 도움의 손길을 내밀어라.

따라서 두 개의 목표는 곧 하나의 목표가 된다. 누구도 산을 홀로 오를 수 없다. 만일 어떤 사람이 홀로 동떨어져 살며 이기적인 문화를 추구하길 원한다면, 그것은 인생도 아니고 성장도 아니며 무의미한 고립, 말하자면 니체가 강조한 초인(超人)의 고독일 것이다. 한 사람의 진정한 성장은 동료들을 향한 사랑이 깊어 간다는 것을 의미함과 동시에 동료들을 제대로 평가하고 있다는 것을 의미한다. 한편 진정한 봉사는 동료들이 스스로를 성취하도록 돕는다. 둘 중 어느 한 목표도 다른 한 목표와 완벽히 조화를 이루지 않는 가운데서는 절대로 성취되지 못한다. 두 개의 목표 모두가 궁극적인 목적이며 그 자체로 추구할 가치가 있다.

따라서 우리는 삶을 받아들여야 하고, 우리의 마음을 어지럽히는 모든 것에도 감사해야 하고, 우리가 타성에서 벗어나도록 일깨워주는 모든 자극에도 감사해야 한다. 미래의 비전을 위해 현재의 모습을 통렬히 꾸짖는 모든 예언가들과 공상가들을 환영해야 한다.

영혼과 육체가 하나인 인생

더욱이, 인간 본성의 두 개의 반쪽 사이에는 일반적인 인식과는 달리 본래부터 갈등의 요소가 전혀 없다. 이 세상에서 우리는 영혼이자 육체이다. 우리는 육체가 없는 영혼도 알지 못하고 영혼이 없는 육체도 알지 못한다. 육체는 영혼이 이승에서 스스로를 표현하는 언어이다. 인간 존재의 두 가지 양상 즉 영혼과 육체는 옳은 관계에 있을 때에는 모두가 깨끗하고 선하다. 육체가 타락하게 되는 것은 그것이 정신의 어휘이기를 그만두고 그 자체가 하나의 목적이 될 때뿐이다.

비극 중에서 가장 슬픈 것은 색깔없는 부정(否定)의 비극이다. 알차게 살아보려는 시도조차 하지 않는 사람들이 경험하는 비극이 바로 그런 비극이다. 모든 바람이 잠들어 버리는 부정(否定)의 정체된 항구보다 온갖 폭풍이 몰아치는 망망대해가 더 좋다. 우리는 모든 건전한 삶을 받아들이고, 삶의 아름다움과 환희에 감사해야 하고, 또 모든 올바른 행위와 경험에 깃들어 있는 성장의 가능성에 감사해야 한다.

올라가는 길에는 결코 끝이 없다. 언제나 더 높은 정상이 나타나게 마련이다. 더 이상 노력할 필요가 없다고 단정하면서 이미 성취한 것에 만족하는 것은 자신을 무의미한 존재로 전락시키는 것이나 마찬가지이며 일종의 삶의 포기이다. 전진의 활력이 될 적절한 불만은 우리의 소유에 관한 것이 아니고 우리의 인간됨됨이에 관한 것이어야 한다. 우리가 가진 것은 가능성이며, 우리가 지나온 자리에는 언제나 현실로 실현되지 못한 가능성이 남아 있다. 지금 우리의 존재는 미래의 존재로 성장하기 위한 디딤돌에 지나지 않는다. 이상이란 것은 우리가 가까이 다가설수록 더욱 커지며, 잠재적 삶은 무한하다.

이것은 인생의 도전임과 동시에 절망이다. 언제나 우리는 다음 단계에서는 만족하게 될 것이라고 꿈을 꾼다. 그러나 그 단계에 이르면 언제나 가파른 오르막길이 다시 앞에 펼쳐진다. 따라서 꿈은 부분적으로만 성취되어도 아주 빨리 커지게 된다. 그렇기 때문에 이상과 현실 사이의 간극은 넓어지기만 한다. 그러다 마침내 우리는 인생이란 정상이 아니고 등정(登頂)이며, 성취가 아니고 성장이라는 진리를 깨닫는다.

중세의 철학자들은 인간의 영혼은 3가지 요소, 즉 지성과 감정과 의지로 이뤄져 있다고 주장했다. 지성의 목적은 지혜이고, 감정의 목적은 사랑이며, 의지의 목적은 미덕 즉 훌륭한 행동이다. 그러나 행동은 정신의 성숙을 이루는 도구에 지나지 않는다. 그 성숙은 사랑과 지혜에 있다.

내가 사랑이라는 표현을 쓸 때, 그것이 뜻하는 것은 사랑을 받는 기쁨이 아니다. 사랑을 받는 것도 행복에 필요하지만, 인생의 한 오솔길을 이루는 것은 사랑을 베푸는 행위이다. 그런 사랑이 가치를 지니는 것은 그것이 우리를 행복하게 만들어서가 아니라 우리를 불행하게 만들 수도 있기 때문이다. 만일 아무런 방해를 받지 않고 편하게만 살고 싶다면, 당신 자신의 이기적인 편함 외에는 그 어떤 사람도 사랑하지 말고 그 어떤 사물도 좋아하지 말라. 많은 사람들이 그런 사실을 깨닫고 그걸 실천하고 있다.

정말로, 사랑이 가치 있는 것은 그것이 우리를 행복하게 만들어서가 아니다. 사랑이 가치 있는 것은 그것이 우리 본성의 반쪽에 대해 대답해주기 때문이다. 또 사람의 영혼을 만족시키는 행위가 사랑이기 때문이다.

내가 지혜라고 말할 때, 그것은 지식을 의미하지 않는다. 지성의 자만이 실린 지식은 지혜에 이르는 길에 장애가 될 수 있다. 예수 그리스도가 신은 지혜를 땅의 배운 자들이 모르는 곳에 숨겨두고 순진한 사람들에게만 주었다고 말할 때 뜻한 바가 바로 그것이었다. 활짝 열린 마음의 어린아이와 같은 겸손을 갖추지 않은 사람의 경우에는 인생 전체에 비춰 사실들을 재해석하는 안목인 지혜를 성취하기가 어렵다. 사실들에서 진리를 끌어내는 능력은 우리의 도덕적 진실에 크게 좌우된다. 따라서 우리의 판단 하나하나는 우리 자신을 드러내보이게 된다. 이웃사람들에 대한 경솔한 평가는 그 사람들에 관한 이야기를 들려줄 수도 있지만 그보다는 우리 자신의 인간됨됨이에 대한 이야기를 더 많이 들려준다. 이 진리를 깨닫게 된다면, 아마 경솔하게 판단하는 예들이 조금은 줄어들게 될 것이다.

사랑과 마찬가지로, 지혜가 가치 있는 것은 그것이 우리를 행복하게 만들어서가 아니다. 지혜 또한 우리를 불행하게 만들 수도 있기 때문에 가치 있는 것이다. 인생의 목적이 안락이라면, 영국 시인 토머스 그레이(Thomas Gray)의 다음 경구에 진리가 담겨 있을 것이다.

"무지가 지복(至福)인 곳에선,
지혜를 얻는 것은 어리석은 짓이니라."

가장 무지하고 가장 편견이 심한 사람이 자신의 의견이 곧 인간과 신의 지혜의 끝이라는 확신을 가장 강하게 품는다. 그 사람이 그 지점에서부터 거치게 될 지적 삶의 각 단계는 미지(未知)의 무한한 세계를 점점 더 많이 자각하게 만들 것이며, 따라서 그 사람은 겸양을 키워가게 된다. 그러다가 그 사람은 마침내 소크라테스를 통해서 아무것도 모른다는 것을 아는 사람만이 지혜롭다는 진리를 터득할 것이다. "판단을 뒤로 미루는 데 따를 모든 고통"을 감내해야 하는 사람은 그 사람 본인이다. 이 말에 얼마나 많은 뜻이 함축되어 있는지 모른다. 귀찮은 모든 문제들을 해결해 바로 털어버리고 다시는 그것들을 돌아보지 않는다면 아주 편리하다. 그러나 그 문제들을 두 번 세 번 아니 백번도 더 생각하다가 마지막에 해결될 수 있는 것은 하나도 없다는 사실을 깨닫는 것은 매우 고통스런 일이다. 그럼에도 그 고통은 우리가 지혜의 성장을 이루기 위해 지불해야 하는 대가이다.

또한 지혜가 가치 있는 것은 그것이 우리를 행복하게 만들어서가 아니라 그것이 인간의 영혼의 다른 반쪽에 대해 대답해주기 때문이다. 침묵 속에 두 다리로 꼿꼿이 서서, 두려움이 전혀 없는 맑은 눈으로 세상을 조망하며 폭넓은 관계와 진실한 관점으로 인생을 차분하게 바라보는 것, 그것도 그 자체로 가치 있는 일이다. 진정으로 인생을 사는 사람들은 늘 깨어 있고, 또 이런 진리들을 깨닫고 위대한 정신세계의 한가운데에, 말하자면 성장과 봉사와 사랑과 지혜 속에 자신의 삶을 놓는 극소수의 사람들이다.

오랜 세월에 걸쳐서 세계 곳곳을 여행하다 보면 말이 통하지 않는데도 눈빛만 보아도 "저 사람은 인생의 이치를 터득했어."라는 말이 절로 나오게 하는 사람들을 만나게 된다. 정신이 깨어 있는 사람을 알아보는 데는 어떠한 말도 필요 없고, 어떠한 설명도 필요 없고, 어떠한 이야기도 필요 없다. 인생의 길을 터득한 사람들끼리는 출신 지역과 상관없이 형제애 같은 것을 형성한다. 이 형제애는 어떠한 암호도, 어떠한 규칙도, 어떠한 회비도 요구하지 않는다. 거기에 들어가는 문은 오직 하나뿐이다. 바로 정신의 문이다. 한번 속하기만 하면 절대로 배척당하는 일이 없다. 그것은 정신이 깨어 있고, 우주의 이치를 이해하고, 자신의 삶을 현실의 한가운데에 놓는 사람들의 조직화되지 않은 형제애이다. 정말로, 인생을 진정으로 사는 사람은 그런 사람들이다.

보편적인 기회

그렇다면 다른 사람들은 어떤가? 절대다수의 사람들은 극소수의 사람들이 인생을 참되게 살도록 하는 이런 정신의 높은 목표들을 이룰 수 없는 것인가? 이에 대한 대답은 간단하다. 기회는 누구에게나 열려 있다. 필요한 것은 단지 자각뿐이다. 산을 올라가는 길이 누구에게나 열려 있고 또 누구나 접근 가능한 것은 정신적 삶의 영광이다. 사람의 일생은 더없이 겸허한 존재가 될 가능성을 실현해나가는 과정이다. 사랑과 지혜는 시장에서 파는 것이 아니다. 사랑과 지혜는 돈과 지위와 권력과는 아무런 관계가 없다. 사랑과 지혜는 오직 높은 포부를 품고 헌신하는 그런 삶을 대가로 지불해야만 살 수 있다. 그런 대가를 지불할 수 있는 사람이면 누구나 사랑과 지혜를 이룰 수 있다.

예를 들어 목수 일에 전념하는 사람이 있다고 하자. 그는 하루에 8시간, 일주일에 6일 동안 늘 하던 일을 한다. 이 사람의 경우 사랑과 지혜를 이룰 기회가 아주 적어 보이지 않는가. 그럼에도 일 자체가 삶의 한 방식이다. 각각의 일은 유익한 봉사를 제공할 기회가 될 뿐만 아니라 옛날의 일을 보다 신속하고 효율적으로 처리하고 새로운 일이 요구하는 기술을 획득할 능력과 이해력과 힘을 키울 도전도 된다.

일주일에 168시간이 있고, 그 중에서 생계를 위해 일을 해야 하는 시간은 48시간(혹은 44시간)이다. 결코 긴 시간이라고 할 수 없다.

일의 균형을 잡아주는 것은 가정이다. 사랑과 빛이 있으면 더없이 소박한 가정도 호화로운 것들로 장식된 가정 못지않게 환하게 밝아질 것이다. 정말로, 넉넉치 않은 물질적 환경이 안겨줄 수 있는 보상 중 하나가 바로 남편과 아내,

부모와 자식이 더 가까워지고 서로를 더 사랑하는 친밀한 관계 속에서 정신의 성숙을 이루는 것이다.

친구들을 사귈 수도 있다. 사람이 스스로 다정해지도록 노력하고 고매한 우정을 누릴 가치가 충분할 만큼 삶을 훌륭하게 영위한다면, 자연히 멋진 우정이 싹트게 되어 있다. 자연은 조용한 명상의 시간을 변화무상한 미(美)의 세계로 채워주기 위해 늘 가까이에 있다.

책의 역할

예술 분야를 경험할 기회가 적다면, 책이라는 무한한 샘이 있다는 사실을 알아야 한다. 책들이 우리에게 펼쳐 보이는 세상은 얼마나 멋진가! 우리는 이 땅을 살다 간 불멸의 존재들을 일상의 친구로 만들 수 있고, 그리하여 그런 고상한 교우에 걸맞은 인생으로 성장해갈 수 있을 것이다. 엄청나게 긴 세월의 인간 경험이 우리 앞에 활짝 열려 있다. 책이란 것이 없었더라면 모두가 우리의 지평선 너머에 존재

했을 것들이 아닌가. 세계 어디를 가나 우리는 낯설다는 느낌을 받지 않는다. 인류 역사의 각 장(章)들도 마찬가지로 친숙하게 다가온다. 지금까지도 닫혀 있는 문이나 창문은 하나도 없다. 산들의 웅장한 자태에서부터 바다의 끊임없는 몸부림까지, 햇살 쏟아지는 초원의 평온한 아름다움에서부터 폭풍의 우레까지, 그리고 시인의 꿈과 성자의 영감, 예언자의 사명과 철학자의 통찰력, 지도자의 투쟁의 비극과 처녀의 가슴에 간직된 비밀, 명쾌하게 다듬어진 진리와 신비의 깊이…… 책들을 통해 이 모든 것들이 우리의 것이 된다. 책들은 약간만 시간을 할애해도 엄청나게 많은 것을 보상해주는, 삶의 또 다른 한 방법이다. 따라서 아주 좁아보이는 삶의 방법도 다른 모든 것과 마찬가지로 위대한 목표를 이룰 대로(大路)가 된다. 이 땅에 태어난 존재들 중에서 가장 고귀한 정신을 소유했던 인물은 자신의 사명을 준비하면서 목수로 일했다.

칼라일의 표현을 빌리면, 모든 인생은 광대(廣大)와 영원(永遠)이 만나는 하나의 점이다. 물질과 정신의 세계 안에 있는 모든 것은 우리 모두의 영혼과 서로 연결되어 있다. 우주는 무한한 영역으로 상상될 수 있으며, 그 영역의 중심은 우리 모두의 영혼이며, 그 영역의 미지의 원주(圓周)가 바로 신(神)이다. 그렇기 때문에 생명의 모든 것은 곧 우리의 유산이다. 인간의 모든 성취는 나의 정신의 가능성이 무한(無限)이라는 무대에 드리운 그림자에 지나지 않는다. 그리고 기술의 모든 축적은 나의 끝나지 않은 꿈이 구현된 것에 지나지 않는다.

나눔과 소유

더욱이, 오르는 사람이 많을수록 그 오름이 한결 더 수월해지는 것은 정신적 삶의 큰 영광이다. 정신의 목적에 대해 이야기할 것 같으면, 목적에 도달한 사람은 거기에 닿으려고 노력하는 다른 사람들을 도울 수 있다. 물질적인 것은 나눌수록 줄어들지만, 정신적인 것은 나눌수록 커지는 법이다. 만일 빵을 한 조각 갖고 있는데 반쪽을 이웃에게 준다면, 나에게는 반 조각밖에 남지 않는다. 남은 반 조각이 훨씬 더 달콤하고 나에게 더 이로울지는 몰라도, 남은 것은 어쨌든 반 조각밖에 안 된다. 만일 나의 사고를 다른 사람들과 공유한다면, 내가 생각을 더욱 많이 하는 것이나 마찬가지가 된다.

정신적인 것에 대해 말할 것 같으면, 정말이지 남에게 전하지 않은 것은 절대로 나의 것이 될 수 없다. 만일 내가 나의 생각을 비밀로 숨기며 나 혼자 간직하려 든다면, 그것은 절대로 생각이 될 수 없다. 그 생각이 진정으로 나의 것이 됨과 동시에 모든 인류의 것이 되는 것은 오직 내가 그것을 표현해야 가능하다.

정신에 관한 모든 대답도 이와 마찬가지이다. 다른 사람들과 공유할 때에만 소유하게 되는 것이다. 이타적인 사랑을 베푸는 사람이 많을수록, 각자가 누릴 사랑 또한 더욱 커진다. '연옥'에서 단테는 산(山)의 갑작스런 요동에 화들

짝 놀란다. 어느 영혼이 위를 향해 움직일 때 그 언덕에 있던 모든 영혼들의 입에서 터져 나온 노래 소리 때문에 산이 흔들린 것이다. 이승에서도 그런 일이 벌어져야 한다. 왜냐하면 한 사람의 선(善)은 다른 모든 사람들에게도 진정으로 도움이 되기 때문이다. 우리가 그 같은 진리를 깨닫고 현실에 적용하면서 다른 사람들이 앞으로 내딛는 한 걸음에 기뻐할 수만 있다면, 인생은 훨씬 더 달콤해질 것이며 우리 자신의 정신적 성장도 훨씬 더 빨리 또 훨씬 더 행복하게 이룰 것이다.정신의 이런 위대한 목적들과는 정반대로, 이 시대의 전반적인 기준은 너무나 얄팍하다. 오직 돈과 쾌락만을 맹목적으로 추구하고 있으며 생각도 없이 성급하게 굴고 있다. 정제되지 않은 물질주의가 삶의 가치를 정반대로 바꿔놓고 있다. 어느 시대에나 이런 경향이 있긴 했지만, 기계가 판을 치는 지금보다 이에 대한 반성이 더 절실한 적은 없었다. 이 시대엔 삶의 거의 모든 영역이 기계의 지배를 받고 있다. 이런 현상이 삶의 의미 자체를 흐리게 만들고 있다. 물질적 발전을 오만하게 자랑하지만, 그것이 우리를 정신적 빈곤으로 내몰고 있다. 특히 이 시대는 영원한 진리로 회귀할 필요가 있다.

이 시대는 흘러갈 것이다. 지금의 모든 불일치와 고통과 경솔도 함께 흘러갈 것이다. 그러나 삶은 계속 이어질 것이다. 또 새로운 불일치와 고통과 경솔이 생겨날 것이다. 더욱 넓어지고 깊어질 삶의 그 흐름은 위대한 영역인 성장과 봉사, 사랑과 지혜에 인생의 중심을 두는 사람들에게만 가치 있는 것들을 보상으로 안겨줄 것이다.

Life has
meaning.

2부
여유의 힘

현대 교육의 발달 과정에 있어서 가장 의미 있는 특징은 아마 개인의 삶에서 훈련 기간이 크게 확장되었다는 점일 것이다. 교육은 한 쪽 방향으로는 유치원 이전 단계로까지 앞당겨지는 한편으로 반대 방향으로는 생이 끝나는 순간까지 이어지고 있다. 생각이 깊은 사람은 "교육을 끝냈다"는 식의 말을 더 이상 하지 않는다. 생의 하루하루는 교육의 새로운 기회로 여겨지고 있다. 마음과 정신의 성장이 끝나는 바로 그날이 생이 진정으로 종말을 맞는 날이다. 마음과 정신의 성장이 없으면, 육체적 존재는 당분간 지속된다 하더라도 한 인간으로서는 존재를 끝낸 것으로 여겨지는 것이다.

교육의 의미

훈련 기간이 이런 식으로 확장됨에 따라 교육이라는 단어 자체의 의미에도 큰 변화가 일어났다. 그 결과 지금 교육이라는 표현은 크게 다른 두 가지 의미로 쓰이고 있다. 조금 제한적인 관점에서 보면 교육은 아이들이 인류의 총체적 경험의 일부를 배우도록 가르치는 것을 의미한다. 인류의 과거가 창출한 이 자본은 과학과 기술로 대표된다. 학교 교육의 목표는 아이들이 이 자본의 일부를 갖추도록 하는 것이다. 그래야만 아이가 어렵고 긴 경험의 길을 통해서 모든 가르침을 배울 필요 없이 인생의 출발을 보다 쉽게 할 수 있을 테니까.

이보다 훨씬 더 넓고 모호한 뜻으로 쓰일 경우에 교육

은 인생을 통해 형성되는 성격과 지성과 분별력과 심미안의 총체적 발달을 의미한다. 삶을 통해 얻는 이런 교육의 대부분은 학교에서 성취되지 않는다. 반대로 이런 교육은 삶 자체의 경험과 활동을 통해 이뤄지며, 학교의 기능은 단순히 보완적인 선에서 그친다. 정말로 우리는 매일 2명의 교사로부터 가르침을 받고 있다. 이 교사들에게 우리는 인생 성숙의 상당 부분을 빚지고 있다. 그 교사들이란 바로 사랑과 일이다. 우리가 다른 개인들과 맺는 관계가 사랑이며, 우리가 스스로를 구현하고 이 세상에 뭔가를 기여하게 하는 천직이 바로 일이다. 사랑과 일은 우리의 교육 중에서 최선의 결실을 맺게 하는 데서 그치지 않는다. 사랑과 일을 통해 어느 정도 성숙을 이루느냐에 따라 우리가 과거의 삶 깊은 곳에서 무엇인가를 끌어내는 능력까지 크게 달라진다.

사랑과 일

오늘날엔 가장 의미 있는 이런 교육의 경로에 누구나 접근할 수 있다. 일부 사람들이 다른 사람들에 비해 삶의 기회를 더 깊고 더 풍성하게 누릴 축복을 받은 것은 사실이다. 그러나 아무리 미천하고 제약을 많이 받는 사람일지라도 인류의 전형적인 경험을 어느 정도는 할 수 있다. 삶의 경이라 아니할 수 없다. 우주가 각 개인의 삶의 중심을 차지하고, 각 개인이 무한과 영원의 중심이 되고 있는 것은 정말로 삶의 경이임에 틀림없다. 모든 인간 존재는 타인들의 작은 세계들로 둘러싸여 있으며, 그 타인들과 강하거나 약한 끈으로 연결되어 있다. 매우 불행한 사람도 일을 통해 수양과 봉사의 기회를 어느 정도는 갖는다.

그렇다면 이런 중요한 경험의 경로를 통해 이루는 수양이 사람에 따라서 크게 다른 이유는 무엇인가? 어떤 사람은 자신의 직업의 일상적인 일에 안주하면서 매일 그 일만을 더 깊이 파고들다가 마침내는 그 일의 밖을 보는 능력을 잃고 만다. 반면 이 사람과 똑같은 직업을 가진 어떤 사람은 하루하루의 일을 분별력과 심미안의 성장을 이룰 바탕

으로 이용하는 능력을 보여준다. 사랑에 있어서도 마찬가
지다. 한 사람은 이미 확고한 사랑이나 우정에 수동적으로
안주하며 지내다가 어느 정도 세월이 흐르자 그 인간관계
가 한때 자신의 인생에 지녔던 아름다움과 의미를 잃어버
리게 될 것이다. 반면 다른 한 사람은 매일 친구의 사랑을
얻으려고 능동적으로 노력할 것이며 그러다 보면 그 관계
가 더욱 깊어지는 것을 확인하면서 인생의 진리와 경이를
새롭게 깨닫게 될 것이다.

50달러의 법칙

삶의 기회를 똑같이 누리는데도 이처럼 정반대의 결과
가 나타나는 이유는 주로 수양 문제의 또 다른 특징에서 발
견된다. 여기서 그 특징을 보도록 하자. 아무튼 인생의 전
체 단계에 걸쳐서 성공과 실패를 가르는 것은 사람들 사이
에 나타나는 약간의 차이이다. 모든 인간 존재들 사이에는
서로 다른 점보다 서로 닮은 점이 훨씬 더 많다. 어떤 삶의

길이든 좋으니 그 길에서 표현되는 격을 조금만 더 높여보라. 그러면 당신은 최종적인 성취의 결과를 몇 배 증식시킬 수 있을 것이다.

부(富)와 빈곤을 50달러를 더 가진 상태와 50달러를 덜 가진 상태로 정의하기도 한다. 그런데 이 말이 맞는다. 액수를 이보다 더 낮출 수도 있다. 겨우 몇 달러를 더 가진 사람은 절약을 실천할 수 있다. 가격이 쌀 때 구입하고 또 금방 필요하게 될 물건들을 실제 필요한 때보다 앞서 준비할 수 있는 것이다. 반면에 몇 달러 적게 가진 사람은 값이 싼 시장에서도 적은 양만 구입하고, 꼭 필요한 것만을 꼭 필요한 만큼만 그때그때 살 수밖에 없다. 그런 사람은 절약의 기회도 전혀 누리지 못하고, 인생의 편이와 만족을 크게 좌우하는 조금의 안락마저도 누리지 못한다. 따라서 소득과 지출의 관계에 약간의 변화만 있어도 삶에 대한 평가가 성공에서 실패로 혹은 실패에서 성공으로 바뀔 수 있다.

마진의 자본 전환

우리의 모든 문제에 이와 똑같은 법칙이 적용된다. 따라서 인간의 진정한 사명인 삶의 영위도 그보다 작은 다른 임무와 크게 다르지 않다. 어떠한 사업이든 밑천으로 자본이 필요하다. 이 자본에서 수익이 발생하는데, 이 수익 중 상당히 큰 부분이 경상비로 지출된다. 그러나 어느 사업이든 실패가 아닌 이상 약간의 이문이 남게 되어 있는데, 이 이문의 활용이 장기적으로 사업의 성공을 결정한다. 이문을 무분별하게 낭비했는가, 아니면 적어도 일부라도 사업의 자본으로 전환했는가? 이는 전체 사업 활동의 최종적인 결과와 직결되는 중요한 질문이다.

삶의 영위라는 사명에도 이 같은 법칙이 그대로 적용된다. 우리는 건강과 성격, 지능, 재능, 파워라는 자본을 어느 정도 가진 채 세상에 태어난다. 최초의 자본은 우리가 선택할 수 있는 것이 아니다. 그럼에도 그 자본은 행동과 경험의 영향을 받으며 지속적으로 변화한다. 우리는 그 자본을 바탕으로 삶을 영위한다. 게다가 우리에겐 명백한 소득이 있다. 적어도 한 가지 측면에서는 이 우주는 우리 모두에게 공평하다. 우리 모두는 신으로부터 하루 소득으로 정확히 24시간을 받는다. 이 소득에 관한 경이로운 사실은 지출이 곧 저축이라는 점이다. 시간을 지출하지 않고는 저축하는 것이 불가능하다는 뜻이다. 만약에 달러와 페니를 저축하길 원한다면, 돈을 평소에 쓰지 않고 별도로 남겨둬야 한다. 그러나 시간과 순간들을 저축하길 원한다면, 우리는 그것을 써야 한다. 그리고 그 시간과 순간들이 가치 있는 목적에 쓰일수록, 개성과 지능과 파워의 자본으로 전환되는 시간과 순간들이 더 많아진다.

더욱이 우리 모두는 이 소득의 상당 부분을 삶의 영위에 필요한 비용에, 다시 말해 생계수단을 버는 일에 써야 한다. 부자든 빈자든, 물려받은 재산이 많든 적든, 사람의 첫 번째 의무는 수입과 지출을 맞추고 자신이 태어날 때만큼 훌륭한 상태로 이 세상을 후손에게 물려주는 것이다. 어떤 형태로든 이 사회로부터 받은 만큼 사회에 기여하지 못한 사람은 정직하게 살지 못한 사람이며 그의 부와 상관없이 거지 아니면 도둑으로 여겨져야 한다. 따라서 삶의 영위를 위해 지출하는 경상비는 누구에게나 보편적으로 해당된다. 그럼에도 우리 사회의 맨 밑바닥에 속한 사람들을 제외한 모든 사람들에게는 각자가 마음대로 자유롭게 쓸 수 있는 시간적 여유가 조금씩은 주어지게 마련이다. 그리고 다른 사업에서와 마찬가지로 삶의 경영에 있어서도 이 시간적 여유의 활용은 최종적 성공 또는 실패에 결정적인 영향을 미친다.

여유의 활용

무엇보다도 먼저, 우리가 가장 자유로울 수 있는 영역은 여유의 활용이다. 우정을 쌓는 데는 두 사람이 필요하다. 모든 개인적인 인간관계를 보면 누구나 상대방의 의지에 따라 행동의 지배를 어느 정도 받는다. 심지어 직업에 있어서도 타고난 능력과 선택만 고려해서는 안 된다. 세상이 요구하거나 필요로 하는 것도 고려해야 하고, 따라서 자신의 통제력을 벗어나 있는 객관적인 요소들도 지속적으로 고려해야 한다. 반면에 여유의 활용에 있어서는 우리는 외적인 힘들로부터 전혀 아무런 강요를 받지 않는 가운데 철저히 자신의 선택과 욕망을 따를 수 있다. 여유의 활용이 개성을 판단하는 중요한 잣대가 되는 이유도 바로 거기에 있다. 사랑이 어떤 사람의 모든 잠재력을 가장 충실히 불러내는 힘이고 그렇기 때문에 삶의 다른 어떠한 도전보다 더 깊이 그 사람의 과거나 현재의 됨됨이를 시험할 수 있는 것이라면, 그 사람의 행동 원칙을 보여주고 그 사람의 이상을 잘 드러내 보여주는 것은 바로 여유를 활용하는 방법이다. 우리가 좋아서 무엇인가를 할 때, 바로 그때 우리가 진정으로 신경을 쓰는 것이 무엇인지가 가장 잘 드러난다. 따라서 당신이 여유 시간을, 당신 마음대로 쓸 수 있는 시간을 어떤 식으로 활용하는지를 말해주면, 당신이 어떤 존재가 되려고 하는

지 짐작하는 것이 어렵지 않다.

괴테는 이를 잘 이해했다. 보통사람들의 삶을 통해 삶의 의미를 보여주고자 할 때, 그는 '파우스트'의 두 번째 장면에서 보통사람들의 삶을 다른 사람들의 의지의 영향을 받으며 일을 하게 되는 주중 6일 동안의 모습으로 그리지 않고 모두가 도시의 성문을 벗어나 산과 들로 나가서 자신이 원하는 대로 행위를 하는 부활절 날의 모습으로 그림으로써 그들의 삶이 진정으로 추구하고 있는 목표들을 보여주었다. 개인뿐만 아니라 집단에도 이와 똑같은 원칙이 적용된다. 만일 런던을 이해하고 싶다면, 공휴일에 햄스테드 히스 공원에 가보고 밤에 500곳이나 되는 뮤직홀에 가보라. 또 파리의 정신을 알기를 원한다면, 대로변의 카페에 앉아서 오가는 사람들을 지켜보고 밤에 유명한 극장들을 찾아보라. 사람들이 삶의 목적을 보여주는 때는 자신의 욕망에 따라 시간을 자유롭게 사용할 때이다.

인생은 양이 아닌 질

여유 시간의 활용은 더 나아가 우리의 삶의 질을 변화시킬 절호의 기회이기도 하다. 사람들은 삶의 양보다 삶의 질이라는 측면에서 서로 다르다. 일부 사람들의 경우에는 다른 사람들에 비해 몇 년 더 오래 사는 것이 허용되는 것도 사실이다. 그러나 크게 보면 그런 사실은 그다지 중요하지 않다. 누구나 식물처럼 100년을 사느니 인간답게 1년을 사는 쪽을 택할 것이다. 우리가 단순히 지구 위에 머물지만 않고 알차게 산다면야 1년을 사는 것보다는 100년을 사는 것이 분명 훨씬 더 낫긴 하지만 말이다. 그럼에도 모든 사람은 인생을 양이 아닌 질로 평가한다. 과거를 되돌아볼 때, 사람들은 종종 어느 하루 혹은 일주일이 그를 전후한 몇 년의 세월에 비해 유독 더 두드러져 보인다는 사실을 깨달을 것이다. 그 하루 혹은 일주일은 의미면에서 아주 길다. 말하자면 그 사람이 더욱 치열하게 산 것이다. 그렇기 때문에 그 하루는 그저 존재하기만 했던 몇 년의 세월보다 정신에 훨씬 더 깊은 의미를 지닌다. 우리는 수많은 날과 수많은 해를 사는 것이 아니라 매우 많은 일과 사랑과 갈등과 즐거움과 고민을 산다. 인생은 언제나 영혼의 기준에 의해 그 질로 측정된다.

기하급수적인 성숙

게다가 인간의 성숙에는 매우 고무적이고 또 위안이 되는 법칙이 하나 있다. 인간이 산술적 비율이 아니라 기하급수적 비율로 성숙한다는 점이다. 새로운 삶의 증가가 옛날의 삶에 단순히 보태지는 것이 아니라 곱해져 녹아드는 것이다. 새로 성취한 어떤 사고는 그 사람의 과거의 사고에 그냥 더해지는 것이 아니라 하나의 새로운 관점을 형성한다. 이 관점을 바탕으로 그 사람은 변화된 시각에서 다른 모든 사실들과 사상들을 보게 되는 것이다. 산을 한 걸음 더 올라가면 사방으로 지평선이 훨씬 더 넓게 트이는 법이다.

수학을 조금만 알아도 제로를 곱할 경우에는 아무리 큰

숫자라도 역시 제로가 된다는 사실을 알 수 있다. 아주 작은 숫자라도 연속적으로 곱하게 되면 비교적 짧은 시간 안에 큰 결과가 나타나게 된다. 따라서 매일 새로운 삶이 상당한 정도로 이뤄지지 않는다면, 금방 정체와 정신적 죽음이 일어나게 된다. 우리는 새로운 선(善)으로 활력을 불어넣음으로써 옛날의 선(善)을 지켜나간다. 옛날의 미덕만으로는 더 이상 선할 수 없고 옛날의 사고만으로는 더 이상 지혜로울 수 없다. 옛날의 공기와 햇빛과 영양소로는 더 이상 살아가지 못하는 것과 똑같은 이치이다. 새로운 날들은 그 나름으로 삶을 앞으로 전진시켜야 한다. 새로운 날들이 그런 전진을 이룰 때, 과거는 그 걸음을 쉽게 떼도록 돕는 아주 막강한 힘이 되어 준다.

따라서 인생의 전체 결과를 좌우하는 것은 옛날의 삶에 곱해져 들어가는 새로운 삶의 증가분이다. 여기서 이 삶의 증가가 우리의 노력에 달렸다는 사실이 아주 중요하며 또 큰 위안이 된다. 우리는 과거는 더 이상 바꾸지 못한다. 과거는 운명처럼 우리 위에 걸쳐져 있다. 그러나 우리는 과거의 전체 성취에 곱해져 들어가는 오늘의 삶의 요소에는 결정적인 영향력을 행사할 수 있다.

우리가 마음대로 쓸 여유 시간이 그렇게 신성한 이유도 바로 거기에 있다. 그리고 시간적 여유가 짧을수록, 그 시간은 더욱 소중해진다. 만일 당신 마음대로 보낼 수 있는 시간이 하루에 10시간이나 된다면, 당신은 아마 그 중 1시간 정도는 낭비할 것이다. 그러나 당신이 자유롭게 쓸 수 있는 시간이 하루에 30분밖에 되지 않는다면, 그 반시간은 삶의 신성한 기회가 되고, 당신이라는 존재의 질을 변화시키고 당신의 삶의 경영에 쓸 수 있는 자본을 증식시킬 기회가 될 것이다. 그런데도 "시간을 보내거나" 아니면 "시간을 죽이거나" 한다는 식의 바보 같은 소리를 하는 사람들이 있다. 이런 사람들에 대해 한번 생각해보라. 자신의 인생의 잠재력을 부주의하게 포기하거나 고의로 파괴하는 것이나 다름없지 않은가.

무심한 세월의 강

세월의 강은 가차 없는 흐름으로 한결같이 흘러간다. 그 강의 흐름을 막을 수만 있다면 가진 것을 모두 내놓겠다는 생각이 들 때도 있고, 그 강물이 아주 빨리 흘러가버렸으면 좋겠다는 생각이 들 때도 간혹 있다. 그러나 그런 욕망과 기대는 똑같이 아무 소용이 없다. 우리가 일을 할 때든 잠을 잘 때든, 성실할 때든 게으를 때든, 즐거워할 때든 고민에 빠져 괴로워할 때든 상관없이, 세월의 강은 저항을 모르는 속도로 언제나 흘러만 간다. 우리가 그 강물을 이용할 수 있는 것은 오직 그 강의 물이 오늘의 삶의 물레방아 바퀴 위를 흐를 그때뿐이다. 과거가 되어버리는 순간, 그 강의 물은 다시는 돌아오지 못하는 영원의 바다로 흘러간 뒤이다. 다른 기회들이 오고, 다른 물이 흐를 것이다. 그러나 사용되지 않은 가운데 흘러가버린 물은 영원히 잃어버린 것이 되어 다시는 돌아오지 않을 것이다.

지금 여기, 이 순간

지금 내가 표현하고 있는 진리는 아주 확실하다. 우리 모두 그 진리를 잘 알고 있다. 그러나 불행하게도 그것을 실천하는 사람은 극히 드물다. 우리는 언제나 흘러가고 있는 순간을 살고 있다. 영원이 제아무리 길게 펼쳐진다 하더라도, 인생은 언제나 흘러가고 있는 순간에 있을 것이다. 확실히, 사람들의 순간은 "그 전과 후를 살핀다"는 점에서 동물들의 순간과 다르다. 동물들은 과거와 미래를 생각하지 않고 오직 순간에만 산다. 반면에 사람들은 기억과 역사를 통해 아득한 과거까지 수용하고 희망과 포부를 통해 아직 오지 않은 미래까지 공유하면서 매 순간을 살며 과거와 미래까지 담아낸다. 그럼에도 불구하고 우리는 언제나 순간을 살게 마련인데, 이 순간은 너무도 빨리 흘러가버린다. 인간은 무(無)를 무수히 많이 더하면 무엇인가 될 것이라고 상상할 만큼 어리석다. 인간의 산수 실력은 슬플 정도로 형편없다. 어떤 집합의 결과는 그 집합을 구성하는 각 단위들의 범위를 벗어나지 못한다. 낭비한 날들이 아무리 많아도 그 총합은 절대로 가치 있는 한 해가 되지 못할 것이다. 낭비한 해들의 총합은 의미 있는 일생이 절대로 되지 못할 것이다. 따라서 전체 결과는 흘러가는 순간들의 이용에 좌우된다. 순간은 곧 삶을 살 기회이다.

놀이의 중요성

그렇다고 모든 여유 시간을 힘든 일에만 쏟아야 한다는 뜻은 아니다. 반대로, 여유 시간 중 상당히 많은 부분을 놀이에 써야 한다. 중요한 것은 각 순간이 삶을 위해 최대한 활용되어야 한다는 점이다. 아리스토텔레스는 이미 오래 전에 놀이야말로 인간의 완벽한 행위이며 따라서 정신의 지고한 목표의 달성에는 놀이가 일보다 더 소중하다는 점을 보여주었다. 일은 강요된 행위이며, 놀이는 자유롭고 자발적인 행위이다. 일의 강제성은 존재에 필요한 것들을 위해서거나 아니면 타인들의 의지나 의미 있는 목적을 추구하려는 우리 자신의 의지 때문에 생길 것이다. 그러나 그런 강제성은 언제나 존재한다. 반면에 우리가 놀이를 할 때에는 신체와 정신의 힘들이 저절로 즐겁게 드러난다. 그렇기 때문에 여유 시간의 가장 큰 부분을 놀이에 써야 한다. 그러나 그 놀이가 단순히 기분전환을 위한 것이어서는 곤란하다. 진정한 놀이는 재창조이다. 마음과 육체의 자연스런 표현을 통해서 마음과 육체의 힘을 새롭게 창조하는 것이 진정한 놀이이다. 아이가 신선한 아침 햇살 속에 달리는 것이나 예술의 아름다움을 감상하거나 사랑과 우정의 기쁨을 누리는 것이 그런 놀이에 속한다.

일과 놀이

이런 의미에서 잘 놀려면, 사람은 일을 열심히 해야 한다. 어린 시절에는 놀이가 일보다 앞선다. 하지만 어른의 경우에는 어렵고 힘든 행위를 한 뒤에야 자유롭고 자발적인 행위가 가능하다. 세상에서 가장 비참한 사람들을 발견하기를 원한다면, 산업 현장의 냉혹한 기계의 톱니바퀴에 갇혀 힘들어하는 사람을 볼 것이 아니라 엄청난 기회를 갖고도 자신이 하고 싶지 않은 일을 거부하며 환락을 즐기다 지쳐버린 사람을 보도록 하라. 만일 삶의 리듬이 건전하게 지켜지고 있다면, 우리가 직장의 심각한 문제를 놓고 머리를 싸맬수록 진정한 놀이의 기회를 즐길 힘도 더욱 커질 것이다.

단테는 이 문제를 잘 이해했다. '지옥'의 컴컴한 회랑을 내려가는 길 내내, 그리고 정화(淨化)의 산의 밝은 언덕을 올라가는 길 내내, 베르길리우스는 단테에게 단 한 가지 가르침을 반복해서 가르쳤다. "이 날이 다시는 오지 않을 것이라는 점을 명심하라." 당신의 팔다리가 떨어져나갈 듯 피곤하고 호흡이 가빠지더라도, 오르기를 계속하라. 지금 이 순간은 노력을 쏟을 기회이다. 그렇지 않으면 기회는 곧 사라지고 말 것이다. 그러나 단테가 산의 정상에 올라가 휴식과 평화의 정원으로 들어서자, "이 날이 다시는 오지 않을 것이라는 점을 명심하라"던 베르길리우스의 가르침은 더이상 들리지 않는다. 그 대신에 이런 말이 들린다.

"지금부터는 자네의 쾌락을 안내자로 삼게.
자네의 자유의지는 자유롭고 정직하고 건전해.
그리고 자유의지를 따르는 것이 사악하지 않다면
자네에게 왕관과 주교관을 씌워 주려네!"

말하자면, 세속적 세계에서나 정신적 세계에서나 똑같이 당신을 당신 자신의 황제와 당신 자신의 교황, 당신 자신의 주권자로 만들겠다는 뜻이다. 왜냐하면 당신은 최고의 것을 가장 사랑하고, 그 다음의 것을 그 다음으로 사랑하고, 그런 식으로 인간의 욕망에 온갖 선으로 지속적으로 대답하고 있기 때문이다. 따라서 단테는 신의 안에 있는 모든 것을 사랑하면서 워즈워스(William Wordsworth)가 노래하는 바로 그런 존재가 되었다.

"치욕도 모르고 허물도 없고,

의무를 다하면서도 그것을 모르는

행복한 가슴을 지닌 이들이여!"

그러므로 베아트리체의 밝은 목소리가 내려와 단테를 천상의 낙원을 비추는 그 빛 속으로 날게 할 때까지, 단테는 자신의 모습을, 바람에 실려와 솔밭을 깨우는 천상의 멜로디와 새의 노래에 귀를 기울이고 휴식을 취하며 놀면서 아름다운 정원을 떠도는 그런 존재로 그린다. 그것은 인간 삶의 한 아름다운 상징이다. 힘들고 강제적인 행위가 일어나는 세계와 자유롭고 자발적인 행위가 일어나는 세계가 있다. 세 번째의 세계는 오직 이 2개의 세계가 있은 다음에야 오고 또 부분적으로는 이 2개의 세계들 때문에 온다.

과로?

여유 시간을 최대한 활용하는 것이 이런 식으로 놀이에 쏟는 것이라면, "과로"에 대해서는 회의적인 생각이 강해질 것 같다. 지금까지 나는 교수로 재직하면서 정말 공부를 열심히 한 결과 고통을 받게 된 학생을 한 번도 보지 못했다. 그런데도 학생들은 빈혈을 조심하라는 식의 의료계의 조언에 크게 놀라면서 감히 능력껏 공부하려 들지 않는다. 그럼에도 전력투구하지 않는 노력은 수양에 별로 도움이 되지 않는다. 설령 과로하다가 죽는다 하더라도, 그건 절대로 창피한 일이 아니다. 한 예로서, 나라면 건강에 관해 겁을 먹고 살다 죽느니 차라리 과로로 죽겠다. 그러나 진정으로 해를 입히는 것은 일이 아니다. 불건전한 육체적 버릇과 걱정이 결합된 일이 문제이다. 걱정은 언제나 둘 중 하나이다. 어리석음이거나 광기이다. 다른 것은 절대로 아니다. 걱정은 육체적 활력을 떨어뜨리고, 용기를 죽이고, 이상(理想)의 비전을 흐리게 하고, 의지를 약화시키고, 가치 있는 모든 것의 성취에 걸림돌로 작용한다. 무엇인가를 성취하길 원하는 인간 존재는 가능한 한 빠른 시간 안에 걱정을 털어버려야 한다. 반면 적당히 힘든 일과 선하고 정직한 행위는 활력을 키우고 파워를 증대시킬 것이다.

성취의 비결

문제는 사람들이 지나치게 일을 많이 하는 것이 아니라 사람들이 일을 훌륭하게 성취하는 위대한 비결이 만천하에 공개되어 있는데도 그것을 제대로 활용하지 않는다는 것이다. 인간 삶의 위대한 비결은 모두 공개된 비결이라는 점을 강조할 필요가 있다. 모두가 그 비결을 잘 알고 있다. 천재들은 그 비결을 곧잘 삶에 적용한다. 예를 들어보자. 신선한 공기가 없는 환경에서는 생각을 깊이 하는 것이 불가능하다는 사실을 모두가 다 알고 있다. 그럼에도 학교 건물을 지을 때 환기를 고려하기 시작한 것은 불과 수십 년 전의 일이다. 추운 계절이 오면 우리는 문과 창문을 꼭꼭 닫고 난로에 불을 피우곤 했다. 그러다가 아이들이 졸거나 멍해지기라도 하면 우리는 아이들을 혼내주곤 했다. 이건 지성을 개발시키는 방법으로는 그리 논리적이지 못하다. 문제

는 지식의 부족이 아니라 모두 다 아는 것을 응용하지 않는
다는 사실이다. 인간 삶의 모든 중대한 문제들에도 똑같은
일이 벌어지고 있다.

레오나르도 다빈치와 괴테

레오나르도 다빈치와 괴테 같은 인물들이 특별히 잘 이
해하고 응용한 경이로운 성취의 비결은 무엇인가? 재주가
무궁무진한 인물들이 성취한 것들을 고려해보라. 레오나
르도 다빈치를 우리는 화가로 알고 있다. 그는 뜻하지 않게
화가가 되었다. 그가 활동하던 시대에는 그림이 표현 방법
으로 매우 훌륭했으며, 따라서 천재들은 자연히 그림에 끌
리게 되어 있었다. 사실 레오나르도는 과학자였다. 그는 자
연을 구석구석까지 추적하려고 노력했다. 자연이 어떤 식
으로 작동하는지를 파악하기 위해서였다. 그가 괴상하거나
추한 얼굴의 사람을 몇 마일이나 따라갔다는 이야기도 전
해온다. 물론 아름다운 얼굴을 만나도 그랬을 것이다. 그러

다 자연의 비밀을 포착하여 스케치를 하기만 하면, 그는 그림으로 그리거나 완성작을 남기는 일 따위에는 신경을 쓰지 않았다. 그는 또한 철학자이기도 했다. 그는 스케치와 그림에 관한 논문을 쓰고, 새로운 글쓰기 방법을 창안하고, 미술가들을 가르치고, 악기를 발명하고, 그 악기로 연주를 멋지게 하고, 훌륭한 토목공사를 시행하고, 군주와 정치인들의 친구와 고문이 되고, 밀라노의 궁정을 위해 가면극을 쓰고, 그 가면극의 제작을 감독했다. 레오나르도 다빈치도 괴테처럼 세계적인 천재의 반열에 올라도 좋을 만큼 여러 분야에서 출중한 업적을 쌓았다. 그렇다면 그가 짧은 생애에 어떻게 그렇게 많은 것을 성취할 수 있었을까?

천재들의 비밀

레오나르도 다빈치와 괴테 같은 인물의 성취를 설명하는 위대한 비밀은 두 가지라고 나는 믿는다. 첫 번째 비밀은 너무나 단순하기 때문에 내가 그것을 설명하면 많은 사람들이 깜짝 놀랄 것이다. 그것은 바로 '집중'이다. 당신의 정신을 당신이 지금 하고 있는 일에 죄다 쏟는 것을 말한다. 그러다 집중이 더 이상 가능하지 않은 상태가 되면 다른 곳으로 관심을 옮긴다. 나는 모든 사람들이 이를 잘 이해할 것이라고 생각한다. 다음번에 책을 읽게 되거든, 정신 집중을 한번 실천해보도록 하라. 대중적인 책이어서는 안 된다. 당신의 사고에 정말로 도전이 될 만한 책이어야 한다. 최근에 정신 집중의 기술을 의식적으로 실천한 적이 없다면, 당신은 지금 하고 있는 일에 기껏 5분 내지 10분 정도밖에 집중하지 못할 것이다. 그러면 거기서 집중을 멈추고 밖으로 나가서 산책을 하도록 하라. 그런 다음에 돌아와서 다시 집중하도록 노력하라. 그런 식으로 1개월 정도 실천하면 일에 치열하게 몰입할 수 있는 시간을 몇 배로 늘릴 수 있을 것이다. 1년 후면, 집중하는 시간의 길이는 말할 것도 없고 아마 당신의 지적 삶의 질(質) 자체가 크게 바뀌어 있을 것이다. 삶의 질적인 면에서 2배를 산다는 것은 적어도 삶의 길이를 2배로 늘리는 것이나 마찬가지이다.

능동적인 독서

그 목적이 예술적 아름다움을 파악하는 것이 아니라면, 글을 수동적으로 읽어서는 안 된다. 독서를 통해 추구하는 목적이 지식과 사상이라면, 한 페이지도 빠뜨리지 않고 다 읽는 것은 어리석은 짓이다. 예를 들어서 어떤 사람이 새로운 분야의 읽을거리를 집어 든다고 가정하자. 사회학 분야의 책일 수도 있을 것이다. 첫 번째 책은 아마 단어를 하나도 놓치지 않고 꼼꼼히 읽어야 할 것이다. 그러나 두 번째 책은 사실과 사상에 있어서 첫 번째 책 중 상당 부분을 반복할 수도 있다. 그런 식으로 10여권을 통달했다면, 그 다음 책에는 아마 당신이 배우지 않은 내용이 거의 담겨 있지 않을 것이다. 그 책을 마치 그 분야의 책을 처음 접할 때처럼 읽는 것은 곧 인생을 낭비하는 것이다. 사람은 능동적으로 읽는 법을 배워야 한다. 대충 훑어보면서 자

신이 모르는 내용이 어느 정도인지를 파악하고 색인과 서
문, 목차를 통해서 공부할 가치가 있는 내용이 담겨 있는
지 예측해야 한다.

지나친 집중은 금물

나폴레옹이 군사학교에 다니던 소년일 때 남긴 일화가
재미있다. 그는 그 학교의 교사나 학생이 풀지 못한 문제를
풀려고 시도한 것으로 전해진다. 무려 72시간 동안이나 자
기 방에 틀어박혀 끙끙댄 끝에 문제를 푸는 데 성공했다. 그
건 현명한 행동이 아니다. 문제가 풀렸기에 망정이지, 만약
에 문제가 풀리지 않았더라면 나폴레옹의 육체적 건강이
무너졌을 것이다. 한 가지 문제를 놓고 72시간 동안 머리를
싸매는 것은 대단히 위험한 일이다. 그럼에도 나폴레옹이
그렇게 오랜 시간 정신을 쏟을 수 있게 한 그 집중력과 의지
는 바로 프랑스 군대를 이끌고 유럽 전역을 휩쓸며 세계 지
도를 바꿔놓은 바로 그 힘이었다. 나는 종종 이렇게 반문한

다. 당신과 내가 각자 믿는 대의(大義)에 그 정도의 에너지와 의지력을 집중할 수 있다면, 우리가 성취하지 못할 것이 무엇이겠는가, 하고. 우리는 유럽 지도가 아니라 인류의 삶의 정신적인 측면을 바꿔놓을 수 있을 것이다.

대학교 교수들은 내가 의미하는 바를 잘 이해한다. 아침에 강의실에 와서 "어제 수업 준비 하느라 4시간이나 공부했어!"라고 불평하는 학생이 있다. 그러면 교수는 속으로 빈정거린다. 그 학생의 불평은 과연 무슨 뜻일까? 4시간 동안 실제로 정성껏 공부를 했는데 준비를 제대로 끝내지 못했다는 뜻일까? 만일에 그렇다면, 둘 중 하나일 것이다. 그 학생이 그 강의를 듣는 학생이 아니거나 교수가 나쁜 사람일 것이다. 아니면 그 학생이 빨갛게 잘 익은 사과와 책을 들고 창가에 앉아서 사과 한 입을 문 다음에 책을 몇 줄 읽는 식으로 즐기다가 창문을 내다보면서 브라운 양이 왜 존스 씨와 함께 걸어갈까, 아니면 저녁에 파티 시간에 늦지 않게 도착할 수 있을까 하면서 이런저런 생각을 떠올리다가 시계를 보았는데 그때 마침 4시간이 지났다는 사실을 알게 된 것일까? 나의 학생들을 살펴본 경험에 따르면, 대부분이 두 번째 경우이지 첫 번째 경우는 극히 드물다. 수업 준비에 4시간을 쏟았다는 말은 아무것도 의미하지 않는다. 지적 에너지를 얼마나 많이 쏟았는가? 혼신의 노력을 쏟으면서 30분 동안 공부했는가? 나는 학생들이 초등학교와 중·고등학교를 거쳐 대학교를 졸업할 때까지 지적 능력을 몽땅 쏟으면서 15분 동안 공부하는 경험을 한 번도 하지 않는다는 사실을 알고 있다. 그럼에도 정신세계를 활짝 꽃피우는 것은 그런 노력을 통해서만 가능하다. 따라서 경이로운 성취의 첫 번째 공개적인 비결은 집중이다. 누구나 그 비결을 배워 여유를 현명하게 활용하는 데 응용할 수 있다.

게으름의 극복

두 번째 비밀은 레오나르도 다빈치와 괴테 같은 인물들이 첫 번째 비밀 그 이상으로 잘 이해하고 있는 비밀이다.

이 비밀의 지속적 적용이 그들의 놀라운 성취를 잘 설명해
준다. 그것은 이 행위에서 다른 행위로 낭비적인 마찰 없
이 부드럽게 옮겨가고, 두 번째 행위가 첫 번째 행위와 충
돌을 일으키지 않도록 하는 것이다. 여기서도 당신은 다시
"그렇게 쉬운 일을 …. 모두가 다 알고 있는 걸."이라고 말
할 것이다. 그렇다. 그러나 그것을 꾸준히 실천하는 사람은
아주 드물다.

　여기서도 다시 지적 분야의 예를 들도록 하자. 이 원칙
을 적용하지 않는 현상이 지적 활동에서 특별히 두드러지
게 나타나고 있다. 미국의 모든 학교에서 학습 능력이 가장
떨어지는 요일이 언제일 것 같은가? 월요일 아침이다. 초
등학교보다 대학교에서 이런 현상이 더 두드러지게 나타
난다. 왜 그럴까? 월요일 아침이면, 일요일은 말할 것도 없
고 금요일 밤과 토요일 하루 종일을 쉰 대학생이 가장 쉽
게 배워야 할 때이고 또 한 주 중에서 최고의 능력을 발휘
해야 할 요일이다. 그런데도 습관적으로 학생들은 준비를

전혀 하지 않은 상태에서 등교한다. 그런 학생에게 한두 시간 곡식을 빻는 일을 맡겨 봐라. 그러면 상당히 잘 해낼 것이다. 그러나 그 학생에게 시간과 기회를 아주 넉넉하게 줘 봐라. 그러면 학생은 그 많은 시간과 기회를 제대로 활용하지 못할 것이다. 거기에는 어떠한 변명도 통하지 않는다. 고질적인 타성 때문이다. 조금 더 쉬운 표현을 쓴다면, 게으름 때문이다.

미국 대학교에서 수업 능력이 가장 떨어지는 3주는 언제일까? 나는 이 의문을 놓고 약간의 연구를 했다. 여름 방학 직전 3주인지 아니면 여름 방학이 끝나고 가을 학기가 시작된 뒤 첫 3주인지는 확실히 모르겠다. 그러나 나는 후자일 것이라고 생각한다. 긴 여름 방학을 끝낸 뒤라면 학생은 다른 형태의 활동을 통해서 새롭게 활력을 얻은 생생한 모습으로 학교에 와야 하는 것이 아닌가. 당연히 개학을 하고 첫 몇 주일은 연중 가장 소중한 시기가 되어야 할 것이다. 학생은 방학 동안에 바다를 찾거나 산을 찾았을 것이며, 아니면 다음 학기의 학비를 벌기 위해 탈곡기를 밟거나 사람들에게 책을 팔거나 다른 노동을 했을 것이다. 그렇다면 학생은 뜨거운 열정으로 지적 노력을 다시 펴며 첫 며칠을 정말 알차게 써야 할 것이다. 당연히 그래야 하는데도 학생은 "다시 공부를 손에 잡는 데 한 달이나 걸렸어."라고 불평한다. 이런 학생은 잘못된 버릇을 고쳐보려고 노력해보지도 않았으면서 그런 부끄러운 고백을 풀어놓는 데 대해 창피하게 생각해야 한다. 다시 말하지만, 그런 실패에는 변명이 절대로 있을 수 없다. 그것도 단지 타성, 즉 게으름에 불과하다.

미국 대학에서 가을의 첫 3주 다음으로 시간 낭비가 많은 시기는 여름 방학 전 학기 마지막 3주이다. 교수들은 학생들을 마지막까지 잡아두려고 온갖 아이디어를 다 동원한다. 학생이 끝까지 수업에 충실하게 임하지 않으면 학점과 졸업장을 주지 않고, 오래 전에 없어졌어야 했을 시험을 치게 하고, 온갖 종류의 사소한 계략을 동원한다. 그래도 별다른 효과가 나타나지 않는다. 마지막 몇 주로 접어들면, 정신이 해이해진다. 대학이 종강을 늦게 해서 그런 것이 아니다. 종강을 3주 앞당겨도 마찬가지 현상이 나타날 것이다. 그것은 학생들이 종강을 앞두고 미리 스스로를 풀어놓기 때문에 나타나는 현상이다. 그렇기 때문에 한 행위의 마지막 부분과 그 다음 행위의 첫 부분은 단순히 쓸데없는 마찰로 낭비되고 있다.

목사들의 모임이나 교사들의 모임에서 모든 연사들이 가장 싫어하는 시간대가 언제인지 아는가? 모임이 끝나기 전 30분이다. 목사와 교사라면 자제력이 비교적 강하고 교양 수준이 특별히 높은 사람들이 아닌가. 그런 높은 수준의 청중들 사이에서도 일찍 자리를 뜨려는 현상이 나타난다. 심지어 사람들이 예의를 갖추다 일찍 일어나 나갈 수 없는 상황에서도, 그들의 마음은 이미 그 현장을 떠나 다른 곳에 가 있다. 여기서도 정신을 집중하지 않는 까닭에 이 행위의 마지막 부분과 새로운 다른 행위의 첫 부분이 낭비되고 있다. 바그너의 오페라나 셰익스피어의 비극을 관람하는 현장에서도 이런 현상이 나타난다. 관중들 중에 막차시간에 쫓기는 교외 거주자들이 있는 것은 확실하다. 그리고 기차를 놓치기라도 해서 이브닝드레스 차림으로 도시에서 밤을 지내야 하는 상황이 벌어진다면 결코 유쾌한 일은 아니다. 그러나 훌륭한 음악이나 인상적인 연극의 마지막 20분을 망쳐놓는 사람들을 한번 유심히 살펴보라. 교외에 거주하는 사람처럼 보이지 않는다. 대부분이 일찍 극장을 빠져 나가려고 서두르다 그만 자신들뿐만 아니라 다른 관중의 즐거움까지 망쳐놓는 사람들이다.

인생 낭비

나는 여행자들을 유심히 관찰한 결과 많은 사람들이 기차 안이나 역에서 시간을 많이 낭비한다는 결론을 내리게 되었다. 제대로 활용만 한다면 지적 활동을 상당히 많이 할 수 있는 시간인데도 그걸 그냥 버리는 것으로 확인되었다. 내가 지금 언급하는 사람들은 역을 빈둥거리며 돌아다니는 노숙자들이 아니다. 그런 사람들은 절망에 빠져 있어서 고려의 대상이 아닐 수 있다. 내가 언급하는 사람들은 중요한 목적을 갖고 여행을 하는 사람들이다. 예를 들어 기차가 연착하면 당신은 무엇을 하는가? 플랫폼을 걷거나, 초조하게 시계를 보거나, 역무원에게 가서 기차가 언제 도착하는지 물을 것이다. 당신이 그렇게 한다고 해서 기차가 1초도 더 빨리 오지 않는다. 그런 행동은 일종의 신경쇠약을 일으켜 당신의 에너지를 불필요하게 소모시킨다. 그러다 당신의 열차가 온다. 당신은 몇 시간의 여행을 위해 기차에 몸을 싣는다. 눈이 아파서 글을 많이 읽을 수 없다. 아름다운 풍광이 차창으로 흘러가면서 당신의 상상력을 자극한다. 기차 여행은 생각을 할 수 있는 가장 좋은 기회이다. 그런데 사람들은 무엇을 하는가? 그들은 단지 생각을 밀어내기 위해 낡은 주간지를 산다. 번번이 일어나는 사건들에 관한 보도와 터무니없는 공상에 관한 글로 마음을 어지럽히기 위해서이다. 그런 글들이 쉽게 잊힌다는 것이 얼마나 고마운 일인지 모른다. 그러지 않고 그 모든 것들이 마음에 그대로 남는다면 그 마음이 도대체 어떤 모습일지 한번 상상해보라. 잘못은 어떤 한 가지 행위에 따를 모든 가능성을 충실히 활용하지도 못하고 또 그 행위에서 다음 행위로 낭비적인 마찰을 일으키지 않고 부드럽게 옮겨가지 못한다는 사실이다.

서두르지도 말고, 쉬지도 말라

경이로운 성취의 두 가지 비밀은 괴테의 다음과 같은 경구로 요약될 수 있다. "서두르지도 말고, 쉬지도 말라." 부주의하게 시간을 낭비하지 않고 일하며 새로운 행위에서 신선함을 발견하는 것, 그러한 것이 위대한 성취의 비밀이다.

그럼에도 어떤 사람과 그가 일이나 놀이에서 성취하고자 희망하는 것 사이에 제3의 요소가 개입하여 방해할 수 있다. 방탕(dissipation)이다. 이 단어가 사용될 때, 단순히 어리석은 육체적 버릇들만을 의미한다고 생각하지 않도록 하라. 그런 버릇들도 충분히 나쁘고, 그것들이 야기하는 피해도 아주 명백하다. 그러나 삶의 측면에서의 '방탕'도 똑같은 것을 의미한다. 어떤 사람이 비축된 삶의 자본을 낭비하는 것을 뜻한다.

앞에서 본 바와 같이, 사람은 자신의 소득을 지출해야만 한다. 소득 전부를 말이다. 그러나 자신의 자본까지 지출하는 사람은 파산으로 내몰리게 된다. 자연은 절대로 용서라는 것을 모른다. 자연의 사전에는 용서라는 단어가 없다. 만일 육체적 건강이라는 자본을 지출하게 된다면, 당신은 어느 정도의 육체적 파산을 겪게 된다. 만일 정신적, 정서적 또는 도덕적 건강이라는 자본을 낭비한다면, 마찬가지로 당신은 정신과 도덕의 파산을 부를 것이다. 다른 자본이 획득될 수도 있고, 낭비된 가능성들이 새로운 기회를 버리는 결과를 낳지 않을 수도 있다. 그러나 우리가 발행하는 어음은 언젠가는 기일이 돌아오게 되어 있고 그때가 되면 가차없이 지불해야 한다.

신문읽기

　낭비의 형태들 중에서 특히 위험한 것이 있다. 신문의 오용이다. 나는 신문을 신뢰한다. 신문은 두 가지 목적에 이바지한다. 신문은 현재의 의견을 형성하는 공공광장의 역할과 현재 역사의 교과서 역할을 맡고 있다. 누구도 신문을 이용하지 않고는 세상이 무엇을 하고 무엇을 생각하고 있는지에 대해 알지 못한다. 그런 한편으로 바쁜 남녀들이 하루에 20분 이상 쏟을 만한 가치가 있는 신문은 특별히 훌륭한 신문이다. 그리고 신문에 보도된 범죄들과 희생자들의 명단을 목적 없이 두루 살피면서 지적 배양에 할애할 시간을 몽땅 쏟는 것은 위험한 형태의 지적 낭비이다. 이런 행태 또한 장기적으로 보면 논리적 사고력을 파괴할 것이 확실하다.

　훌륭한 편집장들은 이를 잘 이해하고 있다. 훌륭한 편집장은 거의 예외 없이 과학적 연구 분야를 별도로 공부한다는 말이 있다. 말하자면, 탁월한 편집장은 세계의 온갖 무질

서한 사건들을 반복해서 다루는 자신의 임무가 지적 혼란을 일으킨다는 사실을 잘 알고 있기 때문에 자신의 직업과는 별도로 자신의 정신세계에 질서와 통일을 부여할 지적 관심을 추구한다는 뜻이다. 편집장에게 맞는 말이라면 그의 독자들에게도 맞는 말일 것이다. 지적 방탕에 빠지는 것이 정당화되는 경우도 간혹 있다. 그러나 일요판 신문을 들고 정신이 흐리멍덩한 상태에서 그 안에 담긴 모든 사건과 허구와 공상을 두루 살피느라 2시간을 보내는 것은 장기적으로 보면 논리적이고 능동적인 사고력을 파괴할 것이다.

통속적인 책읽기

오늘날 우리들 사이에 점점 더 심해지고 있는 또 다른 형태의 낭비는 싸구려 잡지들만을 읽는 행태에서 나타나고 있다. 나는 값이 싼 책을 신뢰한다. 아무리 얄팍한 지갑일지라도 양질의 도서를 살 수 있어야 한다. 그러나 저렴한 가격과 보편적 접근성이 질적 싸구려와 나란히 갈 때, 그 결과는 재앙이다. 미국에서 가장 널리 팔리는 어느 잡지의 편집장으로부터 4월 1일부터 10월 1일 사이에는 미국 대중에게 진지한 기사를 던져줘 봐야 아무 소용이 없다는 말을 들었다. 나는 그 말을 믿지 않는다. 그러나 그 편집장은 그것이 사실이라고 주장한다. 그리고 그는 혀를 내두를 만큼 잡지를 잘 판다. 만일 그의 비판이 일부라도 사실이라면, 그것이 무슨 의미인지를 한번 생각해보라. 4월 1일과 10월 1일 사이라면 우리가 진지한 기사들을 읽을 수 있는 때이다. 영업이 지지부진한 시기이고 또 휴가철이 끼어 있다. 그런데도 지식을 전달하는 임무를 맡은 사람은 독자들이 진지한 기사를 읽을 수 있는 때에도 진지한 기사를 읽지 않고 지적으로 방탕하게 구는 쪽을 택한다고 일러주고 있다.

자기보다 수준이 높은 책

여하튼 우리를 교육시키는 것은 우리보다 수준이 높은 책들이다. 우리와 같은 수준의 책들은 우리에게 알랑거리고, 우리로 하여금 지혜롭지도 않은데도 지혜롭다는 생각을 품도록 만든다. 반면에 우리의 수준보다 높은 책들은 지성에 대한 도전이 된다. 단테의 '신곡'이나 괴테의 '파우스트'의 두 번째 파트를 머리를 싸매고 읽으려고 노력하다 실패한 사람일지라도 그런 경험을 하고 나면 현대문학의 모든 결과물들이 그 전만큼 그리 강한 유혹으로 다가오지 않는다는 사실을 깨닫게 될 것이다. 그 사람은 현대문학의 책임과 임무보다 훨씬 더 성숙해 있기 때문이다.

대중 강연의 허실

세 번째 형태의 지적 낭비는 오늘날 대중 강연에서 발견된다. 대중 강연은 이미 삶을 본격적으로 영위 중인 사람들에게 수양의 기회를 넓혀주는, 가장 유익한 형태의 대중 교육이 될 수 있다. 그러나 대중 강연을 통해 중요한 교육을 받는 사람은 바로 강연을 하는 그 사람 본인이다. 그리고 만일 사려 깊게 준비된 사람의 사고에 귀를 기울이는 사람이 스스로 생각하는 사람이 누릴 수 있는 성과와 같은 뭔가를 얻을 수 있으려면, 듣는 사람의 정신도 연사의 지적 활동과 같은 수준에서 작동해야 한다. 단순히 지성의 물을 흡수했다가 그대로 흘려보내는 스펀지가 되어서는 안 된다. 게다가 주의 깊게 체계적으로 세운 다른 사람의 사고를 한 시간 동안 듣기 위해선 듣는 사람도 사전에 힘든 공부와 사고의 과정을 2시간 정도 거쳐야 한다. 이런 조건들이 두루 갖춰질 때에만 대중 강연이 또 다른 형태의 낭비가 되지 않을 수 있다.

정서적 낭비

사람은 더없이 아름다운 것과 그림, 음악, 시, 사랑과 종교에서도 낭비를 할 수 있다. 어떤 감정적 자극이 행동으로 표현되지 못하고 쌓일 때마다, 그 사람의 내면은 그 흥분 때문에 처음의 상태보다 오히려 더 나빠진다. 어떤 사람이 소설에 등장하는 상상의 인물들 때문에 눈물을 지나치게 많이 흘린 탓에 자신의 이웃 중에서 육체적으로나 정신적으로 굶주리고 있는 사람에게는 정작 무심할 수도 있을 것이다. 또 무대 위의 가공의 인물들을 지나치게 오랫동안 지켜본 나머지 그 인물들이 상징하는 것과 드라마가 상징하고 해석하는 현실을 서로 연결시키지 않게 되는 경우에도 실제 세상에서 일어나는 그와 똑같은 고통에 대해 동정심을 보이지 않을 수 있다. 예술의 아름다움이 단순히 이기적인 탐닉에서 추구되고 거기서 얻은 자극이 더욱 훌륭한 행동으로 표현되지 못한다면, 그 사람의 도덕적 성격은 매우 세련된 것 같으면서도 더없이 타락한 모습을 보이게 될 것이다.

윌리엄 제임스(William James) 교수는 저서 『심리학』(Psychology) 중 습관을 논하는 장에서 그것을 이런 식으로 말했다. "연주자가 아니거나 음악을 순수하게 지적으로 받아들일 만큼 음악적 재능을 충분히 타고나지 못한 사람들도 음악에 과도하게 심취하면 성격이 나태해질 수 있다.

…… 그에 대한 치유는 콘서트에서 느낀 감정을 현실 속에서 다소 능동적으로 표현하는 것이다. 그러면 그 사람의 자아가 정서적 불일치로 힘들어하지 않게 된다. 그런 표현을 언제든 가벼운 마음으로 할 수 있도록 노력하라. 영웅적인 행동까지는 전혀 필요하지 않다. 당신의 숙모에게 싹싹하게 대해도 좋고, 버스나 기차 안에서 자리를 양보해도 좋다. 중요한 것은 그런 감정을 현실로 표현하는 것이다." 농담이 아니다. 당신은 아름다운 음악을 들으면서 정신이 고양되는 기분을 느끼지 않은 적이 있는가? 당신이 늘 꿈꿔온 이상을 성취할 수 있겠다는 기분까지 들지 않던가? 만일 그런 음악을 들은 뒤 집으로 돌아가서 그 음악의 강렬한 호소력을 행동으로 표현하지 않는다면, 당신은 차라리 콘서트에 가지 않는 게 더 나을 것이다.

종교에도 이 같은 생각을 그대로 적용할 수 있다. 많은 사람들이 일요일에 교회에 간다. 교회의 음악이 당신을 감수성 풍부하고 명상적인 기분으로 몰아넣는다. 목사가 당신의 심금을 울리는 설교를 몇 마디 한다. 그러면 당신은 기분이 아주 좋아진 상태에서 집으로 돌아갈 것이다. 그러나 만일 집에 돌아오자마자 일요일 외출복과 함께 그 좋던 기분을 던져버리고 주중 6일 동안에 그렇고 그런 기분으로 지낸다면, 당신은 차라리 교회에 나가지 않는 것이 훨씬 더 나을 것이다. 좋은 감정은 훌륭한 행동을 일으킬 영감을 아주 많이 불러일으킨다. 그렇기 때문에 그런 감정은 행동으로 구체화되지 않을 경우에 성격의 에너지를 낭비시키는 경향이 있다.

감정적 느낌과 그 표현

감정적 느낌을 받는 것과 그 느낌을 행동으로 표현하는 것 사이에는 어떤 폐쇄된 심리적 고리가 존재한다. 우리는 이 심리적 고리를 습관적으로 끊고 있는데, 그때마다 심각한 도덕적 위험뿐만 아니라 다른 위험까지 떠안게 된다. 감각의 세계에서 비롯된 모든 자극은 신경로를 통해서 뇌의 감각중추로, 그 다음에는 운동중추로 연결되고, 다른 신경로를 통해 표현된다.

당신의 친구가 방을 들어선다. 당신은 몸을 벌떡 일으킨다. 그때 당신의 얼굴에 미소가 번진다. 아니면 당신이 바나나 껍질을 밟아 미끄러진다. 당신의 얼굴에 아픈 표정이 나타날 수 있다. 어쩌면 눈물이 핑 돌지도 모르겠다. 틀림없이 우리는 지극히 정상적인 표현까지도 억제하고 그 자극을 다른 경로로 돌려야 한다고 배운다. 방을 들어서는 사람들에게 항상 웃어보이지는 않는다. 외로운 나그네도 지나치는 행인들에게 부끄럽지 않으려면 눈물을 흘리지 말아야 한다는 것을 배운다. 그래도 서로 연결되어 있는 그 심리적 고리는 여전히 그대로 남는다. 어떤 사람이 습관적으로 아주 강력한 감정적 및 지적 자극을 현실에서 행동으로 표현하지 않고 다른 곳으로 돌릴 때, 그 사람은 고귀한 감정과 사상을 속으로 억누르고 있는 햄릿 같은 인간이 된다.

정말로, 사람은 다른 사람에게 봉사하는 가운데서도 자

신을 낭비할 수 있다. 외부의 잡다한 호소에 일일이 대응하고 있는 사람이 자신의 핵심적인 인생 목표에 관심을 전혀 두지 않고 있을 경우에 그런 현상이 나타난다. 예를 들어보자. 당신이 20명, 30명, 40명 아니 간혹 그 이상의 어린아이들을 통제하고 이끌어야 하는 교사라고 가정해보자. 아이들은 틈만 나면 당신의 눈길을 벗어나려고 애를 쓰고 있다. 이때 당신의 목표는 아이들의 활동을 억제시키는 것이 아니고 아이들이 그날 하루 동안 의미 있는 성취를 이룰 수 있도록 행동을 유도하는 것이다. 그런 일은 정말로 당신을 지치게 만든다. 그렇기 때문에 교사가 밤에 파김치가 되어 퇴근하는 것은 전혀 놀라운 일이 아니다. 당신은 신경이 예민할 대로 예민해져 금방이라도 잠자리에 들고 싶다. 그러나 그것으로 끝이 아니다. 일일이 검토하며 붉은 볼펜으로 철자를 바로잡아 줘야 할 학생들의 노트가 산더미같이 쌓여 있다. 학생들의 노트를 검토하는 일은 훌륭한 작업이다. 그것은 박하와 회향(茴香)으로 십일조를 내는 것이나 마찬가지라고 생각할 수 있는 일이다. 그런 십일조를 내야 할 때가 있다. 그런데 간혹 일부 상관의 무지 때문에 학생들의 노트를 억지로 검사해야 할 때도 있다. 이런 경우에는 일의 성격상 그 노트들을 검사하지 않는 것이 더 바람직하다.

당신이 어린 학생들의 노트를 일일이 검토하면서 잘못 적은 단어를 찾아내 밑줄을 치는 힘든 노동을 하고 다음날 아침에 지친 몸으로 교실로 들어간다고 가정해보자. 그런데 아이들도 마찬가지로 교사인 당신의 말을 초조하게 기다리며 불복할 기회만을 호시탐탐 노리고 있다. 이런 상황에서 당신이 아이들을 가르칠 수 있다는 생각이 들겠는가? 학생들의 노트를 검사하지 않고 간혹 당신이 밖으로 나가 별을 올려다보거나 친구를 만나거나 소설을 읽다가 일찍 잠자리에 들어 편안하게 잠을 잔다고 가정해보자. 그러면 당신은 이튿날 아침에 아이들을 가르치는 일도 어쨌든 그렇게 비참한 직업은 아니라고 생각하면서 교실로 돌아갈 것이다. 그날 하루 당신은 아이들을 사랑할 것이고 여러 가지 활동에 흥미를 느끼게 될 것이다. 그런 분위기라면 당신은 아이들에게 무엇인가를 가르칠 수 있을 것이다.

성경에 이런 구절이 있다. "이것도 행하고 저것도 그냥 두지 말아야 할지니라." 박하와 회향으로 십일조를 내야 한다. 그러나 그보다 더 중요한 문제들을 게을리 하지 않는 선에서 그쳐야 한다. 뭔가 가치 있는 것을 성취하길 원하는 사람에게 십일조보다 더 중요한 문제란 바로 어떤 핵심적인 목적을 향해 착실히 나아가는, 건전하고 균형감각을 갖춘 슬기로운 존재가 되는 것이다. 따라서 일이나 놀이에서 의미 있는 무엇인가를 이루기를 원하는 사람에게는 자본의 낭비야말로 어떠한 측면으로든 엄격히 피해야 할 요소이다.

지적 관심사

일이나 놀이를 통해서 여유를 개성과 지성과 파워의 자본으로 바꿔 놓으려고 노력하는 사람들에게 마지막으로 제시하고 싶은 제안이 몇 가지 있다. 여유의 일부는 오랜 세월을 두고 지속적으로 추구하는 지적 관심사에 쏟아져야 한다. 그처럼 일상적인 관심사를 추구하려는 노력이 지적 및 도덕적 삶에 미치는 영향을 보면 가히 놀랄 만하다. 거기에 쏟아진 시간이 매우 짧을 때에도 놀라운 효과가 나타난다. 하루에 15분씩 아니면 30분씩 일주일에 세 번 시간을 내서 어떤 연구에 온전히 쏟아보아라. 그렇게 10여년 노력하다 보면 당신은 그 분야의 대가가 될 것이다. 그런 노력은 일상의 삶이라는 이랑에 씨앗을 뿌리는 것이나 마찬가지이다. 그 씨앗은 원래의 씨앗보다 훨씬 더 큰 열매를 맺을 것이다.

명상

더욱이, 성급하게 행동부터 나오는 요즘에는 여유의 일부를 고독과 명상이라는 잃어버린 기술의 배양에 써야 한다. 사람들이 혼자 있는 것을 피하려고 애쓰는 모습을 보고 있으면, 혹시 혼자 남을 때 공허하거나 무시무시한 뭔가를 느끼는 것이 아닌가 하는 생각이 들기도 한다. 그럼에도 삶을 잘 살기 위해서 사람은 자기 자신과 친구가 되어야 한다. 왜냐하면 우리가 고독 속에서 이 세상에 도움을 줄 수 있는 힘을 모으고 균형감각을 얻을 수 있기 때문이다. 에머슨 (Ralph Waldo Emerson)은 그것을 "사람들은 만나러 내려간다."라는 표현으로 압축한다. 분명히 말하지만, 이상적인 모임은 두 사람이다. 거기에 세 번째 사람이 끼어들면, 대화의 수준이 더 가벼워지고 덜 정직해진다. 방을 가득 채울 정도의 사람들이 진지한 문제를 논의하는 유일한 방법은 그 사람들을 일시적으로 두 집단으로 나누는 것이다. 그런 다음에 한 집단이 말을 하면 다른 집단은 가만히 듣도록 하는 것이다. 그런 식으로 나눌 때조차도 연사는 청취자들이 상대방을 존중하는 이상적인 사람들일 때에만 자신의 깊은 속을 털어놓을 것이다. 그런데 아마도 그런 자리에는 이런 이상적인 사람이 없을 확률이 높다.

우정

　여유의 또 다른 부분은 거의 잊히다시피 한 우정의 기술을 배양하는 데 쓰여야 한다. 우리는 모임을 많이 갖고 있지만 우정은 거의 누리지 못하고 있다. 그럼에도 인생에 활력과 깊이를 더하는 것은 개인적인 친밀이다. 인간의 본성 중에서 가장 심술궂은 것 하나가 전혀 중요하지 않은 사람들에게 최선의 친절을 베푼다는 점이다. 모든 사람들에게 두루 그렇게 대한다면 무슨 문제가 되겠냐만, 정말 엉뚱하게도 자신이 가장 사랑하는 사람들에게, 그리고 우리의 삶의 영향을 가장 많이 받는 사람들에게 비열하게 대하고 짜증을 부리면서도 자신의 그런 태도가 정당하다고 생각한다. 우리는 이방인을 만날 때 육체적으로나 도덕적으로나 최고의 의상으로 갈아입고 나가서 가장 좋은 인상을 남기려고 노력한다. 그러다가 우리의 인생과 가장 밀접하게 연결되어 있는 가족이나 친구들을 만날 때면 육체적으로나 도덕적으로나 훌륭한 의상을 벗어버리는 경향이 있다.

답장을 써야 할 편지가 20통 있다고 가정하자. 그러면 아마 당신은 잘 모르는 사람의 편지부터 답장을 쓰기 시작할 것이다. 아주 절친한 친구의 편지는 그 친구가 이해할 것이라는 이유로 답장을 하지 않은 채 편지 무더기 맨 아래에 처박아 놓을 것이다. 물론 당신의 친구는 이해할 것이다. 그러나 당신을 이해한다는 것이 그런 식의 대접을 받아야 한다는 뜻은 아니지 않는가? 만일 우리가 늘 예의바르게 지낼 수 없다면, 차라리 언제든 떠나갈 이방인에게 무례를 저지르고 우리의 행동이나 말 한 마디에 삶이 망가지거나 밝아지는 것을 느끼는 가까운 사람들을 위해 예의의 멋진 꽃을 아껴두는 것이 이치에 맞지 않는가? 사람이 언제나 일요일 외출복을 입고 있기를 원하지 않는 것은 사실이다. 그리고 우리가 가까운 사람들 곁에서 편안한 자세로 취하는 휴식은 개인적인 삶의 즐거움이다. 그렇지만 자신의 삶에서 가장 소중한 사람들에게 도덕적으로 벌거벗은 모습을 보여줘서는 안 된다. 예의란 인간 현실의 거친 바위를 아름다운 의상으로 가리는, 개인적인 삶의 분위기이다. 옷을 입지 않은 벌거벗은 현실과 부딪치면서 살아가는 것은 불가능한 일이다. 여유를 제대로 활용하면 우리는 예의의 분위기를 배양할 수 있고, 그러면 개인적인 삶에서 우정의 기술을 회복할 수 있다.

자연

인생의 여유 안에는 늘 우리에게 말을 걸 준비가 되어 있으면서도 우리의 기분을 망치는 일이 절대로 없는 한 친구가 있다. 위대하고, 아름답고, 장엄한 자연이 바로 그 친구이다. 자연은 말을 걸 때를 잘 알고 있으며 무수한 소리의 음악으로 우리를 매료시킨다. 또 긴긴 하루의 작업에 지친 자신의 인간 자식이 언제 자신의 가슴 안에서 달콤한 평화의 시간을 갖기를 원하는지를 잘 알고 있다. 여유의 일부를 우리를 고양시키거나 차분하게 가라앉히는 자연의 세계와 호흡을 같이 하는 데 써야 한다.

예술

자연의 영향에 통하는 것은 인간의 예술에도 그대로 적용된다. 예술의 소중한 가치는 그것이 가르치는 교훈에도 있지 않고 그것이 우리에게 각인시키는 아름다움의 기억에도 있지 않다. 그것이 인간의 정신을 고양시키는 그 힘에 있다. 인간 정신의 가장 고고한 성취를 대표하는 예술의 창조를 통해서, 우리는 일상의 사건들의 흐름에서 빠져나올 수 있으며 산의 정상에서 넓은 시각과 차분한 눈길로 인생이라는 평원을 내려다 볼 수 있다. 바로 여기에 예술이 인간의 정신에 기여할 수 있는 최고의 봉사가 있다. 단테라는 깎아지른 정상을 올라가 그곳의 절대고독 속에서 아래를 내려다보고, 괴테라는 천재의 깊은 골짜기로 들어가 이리저리 배회하고, 셰익스피어라는 예술의 정상에 서서 멀리 바라보고, 히말라야 고원에 몰아치는 듯한 베토벤이라는 폭풍을 느끼고, 미켈란젤로라는, 숲으로 뒤덮인 꼭대기들 위로 빛과 그림자가 노니는 것을 지켜보는 것, 그것은 정신이 우리의 일상에 질식되지 않도록 일상의 세부적인 것과 어느 정도 거리를 두게 하는 것이 아닌가?

만일 우리의 여유를 습관적으로 이런 식으로만 활용할 수 있게 된다면, 우리는 우리 삶의 성격과 지성과 심미안의 자본을 엄청나게 많이 키울 수 있지 않을까? 그러면 우리는 일상적인 존재의 틀에서 벗어나 자연과 인간이 최상의 조화를 이루는 그런 경지로까지 성숙할 수 있을 것이다. 더욱 깊어진 정신적 능력은 우리의 사업에서, 그리고 다른 사람들과의 관계에서 경험하는 모든 것에서 여분의 결실을 안겨줄 것이다. 따라서 우리는 인간의 진정한 사명, 즉 고귀한 삶을 성취할 힘을 더욱 키우게 될 것이며 동시에 끝없는 삶의 기술을 꾸준히 배워나가는 데 대한 관심과 즐거움을 놓치지 않게 될 것이다.

Life has meaning.

3부

직업을 통한 자기수양

오늘날엔 직업교육이 필요하다는 인식이 지배적이다. 만일 시민들에게 행복하고 유익한 삶을 영위하는 데 필요한 것들을 적절히 갖춰주는 것이 교육의 한 목적이라면, 교육은 모든 사람이 어느 분야에서든 가치 있는 일자리를 얻고 거기에 효과적으로 기여할 수 있도록 준비시킬 수 있어야 한다는 것이다.   교육을 충분히 받고도 게으르고 무책임하게 사는 사람보다 더 꼴불견인 것도 없다. 분별력과 자유로운 정신을 갖추었으면서도 어느 일 하나도 효과적으로 처리해내지 못하는 사람이 있다. 이런 사람은 평생 표류할 것이며, 그의 예민한 감수성은 경제적인 문제 때문에 끊임없이 고문을 당할 것이다. 만약에 교육이 이러한 비극을 피하기 위해 가능한 모든 조치들을 취하지 않는다면, 그 교육은 실패작으로 여겨질 것이다.

우리 시대의 문제, 직업

그런 한편 개인을 단순히 생산기계의 톱니바퀴로 만드는 교육도 그 못지않게 슬픈 실패작이다. 어떤 사람이 머리만 쓰는 사람이 되거나 손만 쓰는 사람이 될 때, 장기적으로 보면 그 사람은 머리를 쓰는 작업에도 능하지 못하게 될 것이고 손을 쓰는 작업에도 능하지 못하게 될 것이다. 어떠한 분야에서든 계속 좋은 결과를 얻기 위해서는 누구나 직장에서 한 사람의 온전한 인간 존재가 될 수 있어야 한다. 경제적 번영이라는 "황금알"을 낳는 거위를 죽일 줄도 알아야 한다. 황금알을 낳는 거위는 즉시적인 상업적 결과를 위해 인간성을 착취당하고 있다. 그런 착취는 인류의 자살행위나 다름없다. 그런데도 자국의 남녀와 어린이들을 얼핏 인간 존재들로 여기는 듯하지만 실제로 보면 생산기계의 부품으로 취급하는 국가가 국가들 사이의 경제적 경쟁에서 승리를 거두고 지도국의 자리를 지키고 있다. 따라서 만약에 구체적인 일을 위한 훈련과 별도로 마음과 가슴을 위한 자유주의적인 수양이 이뤄지지 않는다면, 우리는 인생을 위한 수양에도 실패할 뿐만 아니라 직업교육이라는 목표도 달성하지 못하게 될 것이다.

그런 인생 교육의 경우에는 학교를 통해서는 오직 제한적인 범위에서만 이뤄진다. 훨씬 더 큰 부분은 행위와 경험을 요구하는 2가지 중요한 경로를 통해 인생 자체에서 얻게 된다. 우리가 하는 일과 우리가 다른 사람들과 사랑과 우정을 통해 맺는 관계가 바로 그 경로들이다. 괴테가 '파우스트'에서 전형적인 성격의 발달을 묘사할 때, 그는 그 과정을 두 부분으로 나누었다. 첫 번째 부분은 개인적 관계와 성찰적인 공부라는 작은 세계를 다루었고, 두 번째 부분은 예술과 전쟁, 과학, 생산노동, 자선활동 등 행위가 일어나는 보다 큰 세계를 다루었다. 따라서 일 자체를 통한 인생수양의 문제는 비록 그 중요성이 거의 인식되고 있지 않음에도 불구하고 학교교육을 통해 일에 필요한 자질들을 가르치는 문제보다 훨씬 더 중요하다.

게다가 우리의 일 중 상당 부분은 우리의 직업에서 이뤄지고 있다. 말하자면 우리가 생업으로 선택하거나 떠안게 되는 일이 매우 중요하다는 뜻이다. 이는 빈자와 부자를 불문하고 모든 사람에게 해당된다. 어떤 일이 돈이나 명예로 보상받지 못할 때조차도, 우리가 평생의 소명으로 여기는 것이 활동의 핵심을 이루게 된다. 그러므로 직업 문제는 모든 인간 존재들 앞에 평생 동안 지속적으로 놓여 있다.

그런데도 이 문제가 윤리철학에서 거의 고려되지 않고 있다는 사실이 이상하지 않은가? 내가 아는 바로는, 직업을 통한 자기수양이라는 문제에 초점을 맞춘 걸작은 딱 하나뿐이다. 괴테의 『빌헬름 마이스터의 수업시대』(Wilhelm Meisters Lehrjahre)뿐이다. 직업을 통한 자기수양이 이처럼 간과되는 한 원인은 두말할 필요도 없이 윤리 철학자들이 삶의 문제가 일어나는 현실세계에 등을 돌린 채 서재에 파묻혀 지내며 자신이 상상하는 인간 본성에 필요한 의무를 제시하려고 애를 쓰고 있다는 사실에 있다. 그 결과 놀랄 정도로 논리적인 이론이 탄생하긴 하지만, 경험을 통해서 알듯, 그 이론이 현실에 적용되지 않는 경우가 종종 있다.

윤리 철학자들의 이런 태도는 삶의 구체적인 문제들이 상대적으로 간과되고 있는 현실에 대해서도 부분적으로 설명해준다. 그러나 윤리 철학자들이 우리 앞에 놓인 문제들을 해결하지 못한 그 무능력에는 또 다른 원인이 하나 더 있다. 직업은 '우리 시대'의 문제라는 점이다. 인류 역사를 내려오면서 직업이 문제가 되었던 때는 일찍이 없었다. 선하고 정직한 일에 일말의 존경을 보이기 시작한 것은 불과 얼마 전의 일이다. 고대에는 단 2가지 직업만이 존경의 대상이 되었다. 전쟁과 통치, 즉 사람들을 죽이는 직업과 사람들을 통치하는, 아니 사람들을 그릇 통치하는 직업이 사람들로부터 존경을 받았다. 플라톤 같은 철학자나 페이디아스(Phidias) 같은 조각가도 널리 인정을 받은 것은 사실이다. 그러나 이런 사람들은 개인의 천재성 때문에 인정을 받았던 것이지 그들의 직업 때문은 아니었다. 반면에 문명의 바탕이 되는 모든 일들, 즉 농지를 경작하는 일과 단순한 기능공의 노동은 노예 또는 노예나 다름없는 처지의 사람들에 의해 행해졌다. 그 한 예로서 아리스토텔레스는 이렇게 말한다. "기계공이나 노동자의 삶을 살면서 미덕을 행하기는 불가능하다." 그는 똑같은 관점을 조금 더 구체적으로 표현하고 있다. "조직이 완벽하고 또 정의로운 시민들로 구성된 국가에서는 시민들이 기계를 다루는 일을 해서는 안 된다. 왜냐하면 그런 삶은 비열하고 미덕을 거스르기 때문이다. 또 우리의 시민이 될 사람은 농부가 되어서도 안 된다. 그 이유는 미덕의 수양과 정치 행위에 여가가 반드시 필요한데 농부의 생활에서는 시간을 내기가 불가능하기 때문이다."

아리스토텔레스가 주장하는 바는 물론 노예제도가 없이는 교양을 누릴 수 없다는 것이다. 만일 교양 있는 사람들이 사회의 맨 꼭대기를 차지하게 되어 있다면, 맨 아래에는 그리스인들의 관점에서 볼 때 자존심 강한 자유 시민들에게 어울리지 않는 비천한 일들을 할 노예가 반드시 있어야 한다는 주장이다. 플라톤도 『법률』에서 아리스토텔레스와 비슷한 관점을 보이고 있다. "저속하게 소매거래를 하는 사람은 모든 사람들에 의해 자신의 종족을 모욕한 혐의로 고발될 수 있다. 만일 어떤 사람이 무가치한 직업으로 아버지의 명예를 더럽힌다면, 그 사람을 1년 동안 구금에 처하고 그 일을 삼가도록 해야 한다."

중세에 들어와서 고대에 존경 받던 2가지 직업에 세 번째 직업이 새로 더해졌다. 성직(聖職)이었다. 전쟁과 정치, 성직이 직업으로 존경받은 것이다. 거기에 더 더해진 직업은 없었다. 교사도 전혀 인정을 받지 못했고, 의사는 이발사였다. 교사는 의사만큼 사회적으로 존경을 받거나 존경을 받지 못했다. 그때에도 문명의 기본적인 일은 여전히 토지에 얽매인 농노들이나 그런 신분과 별반 다를 바가 없는 사람들에 의해 수행되었다.

정말로 일에 대한 존경이 일어난 것은 프랑스 혁명과 미국 혁명 이후의 일이었다. 정직한 일에 대한 존경이 커진 정도를 따지자면, 지난 100년 동안에 일어난 변화가 그 전의 인류 역사 전 기간에 일어난 변화보다 훨씬 더 컸다. 지금도 여전히 존경을 받지 못하는 정직한 직업들이 있는 것은 사실이다. 그리고 그런 정직한 직업들에서 일을 훌륭하게 처리하기가 가장 어렵다는 사실에도 주목할 필요가 있다. 그럼에도 정직한 직업에 대한 인식의 변화는 놀랄 만하다.

시대를 막론하고 유한계급의 의상이 별도로 있는 것은 그것을 입은 사람은 현실적인 일을 전혀 할 필요가 없기 때문에 귀족이라는 점을 암시하기 위해서라는 주장이 있다.

아마 이런 식의 분석이 지나칠 수도 있을 것이다. 그러나 이 브닝드레스를 입고 들일을 하거나 집안의 일상적인 일을 하는 것이 과연 가능하겠는가? 중세 기사들의 갑옷을 걸친 상태에서는 그런 일은 더더욱 불가능할 것이다. 오늘날에 조차도 어느 중국인 고관은 손톱을 새의 발톱만큼 길게 길러서 자신은 손으로 하는 노동을 한 번도 하지 않았기 때문에 귀족이라는 점을 입증해보이려 하고 있다.

요컨대 옛날에는 어느 사회에서나 삶의 고역에서 자유로웠던 사람들은 바로 그런 사실 때문에 존경을 받았다. 그런 사람들도 사회에 기여를 한 것은 사실이다. 종종 의미 있을 만큼 크게 기여하기도 했다. 그러나 그것은 어디까지나 높은 자리에 선 입장에서 '노블레스 오블리주'로, 말하자면 후원자의 위치에서 한 기여였다. 오늘날에는 모든 인간 존재들이 스스로 빚지지 않고 살다가 이 세상을 처음 접했을 때만큼 좋은 상태로 후손에게 물려주는 것을 중요한 의무로 삼아야 한다는 인식이 강하다. 세상에 대한 기여가 꼭 돈과 명성으로 보상할 그런 형태로 이뤄져야 한다는 뜻은 아니다. 누구 할 것 없이 정직하게 살려면 어떤 형태로든 이 사회에 기여해야 한다는 뜻이다.

이처럼 변화된 관점은 직업 문제의 본질이 크게 바뀌었음을 보여주고 있다. 옛날이었다면 획일적인 삶을 살았을 무수한 사람들이 삶의 현장에서 서로 경쟁을 벌이게 됨에 따라 나타난 현상이다. 오늘날 사람들은 자신을 위해서 살고 있다. 그러면서 어느 정도는 인류를 위해서도 살아야 한다. 그 결과 세상은 과거 그 어느 때보다 더 부유해졌는데도 삶의 경쟁은 인류 역사에서 과거 어느 때보다 더 치열해졌다. 따라서 삶의 위대한 목표들은 옛날과 달리 삶의 경쟁을 통해서 성취되기에 이르렀다. 치열한 경쟁을 벌이지 않을 경우에는 삶의 목표를 달성하지 못하게 될 것이다.

고대 그리스 세계에서 소수의 사람들이 보였던 아름다운 교양은 부분적으로 우리 시대의 인생관보다 더 건전했던 인생관 때문에 가능했다. 그러나 그 교양의 거의 대부분은 인간 노예제도라는 무서운 바탕에서 일궈진 것이었다. 그렇기 때문에 우리는 이중의 문제를 떠안게 되었다. 첫째, 삶의 우발적인 관심사보다는 삶의 진정한 목적을 더 높이 평가하는 쪽으로 인생관을 개혁할 필요가 있다. 둘째는 발견과 발명을 이용하여 인간 노예제도를 기계로 대체해야 한다. 이는 품격없는 사치를 증대시키기 위한 것이 아니라 인간을 자유롭게 하여 모든 사람들에게 여가를 주기 위한 것이다. 이 목적들이 성취되기 전까지는, 다수의 사람들이 고대에 소수의 사람들이 보였던 그런 수준의 교양을 확보할 수 있을 것이라고 기대하기가 어려울 것이다.

과거에 교양은 언제나 일부 계급만의 상징이었다. 괴테조차도 직업을 통한 수양 문제에 초점을 맞춘 것으로 평가받는 바로 그『빌헬름 마이스터의 수업시대』에서도 교양은 귀족의 유산이기 때문에 보통 시민들에게는 불가능하다는 입장을 견지하고 있다. 그 같은 주장이 극중 등장인물에 의해 제기되는 것은 사실이다. 그러나 그것이 괴테 본인의 관

점이라는 점은 그의 고향인 프랑크푸르트에서 독립적인 개
인으로 살지 않고 바이마르 궁정의 관리가 되는 쪽을 택한
그의 행동에 의해서도 확인된다.

옛날의 사회가 귀족계급을 통해 성취한 것은 하나의 아
름다운 교양이었다. 우리들 사이에도 여전히 그 옛날의 신
사와 부인의 예들이 남아 있다. 옛날의 미(美)와 향기를 간
직한 채 바깥세상의 풍파로부터 보호를 받으며 담이 둘러
쳐진 정원에서 살고 있는 그들은 여전히 매력적이다. 지금
과 같은 상업적인 시대에도 그 옛날의 품격을 풍기는 행동
이 그대로 나타난다. 거대한 사무실 빌딩의 엘리베이터 안
에서도 부인이 들어서면 모자를 벗어 예의를 표하는 신사
를 간혹 볼 수 있다. 뉴욕과 브루클린을 오가는 기차 안에서
도 나이 많은 부인에게 자리를 양보하는 남자가 간혹 보인
다. 오늘날에도 그런 예의를 갖추는 신사에게 감사를 표하
는 부인이 있다. 그러나 그런 경험이 너무나 귀하기 때문에
혹시 그런 일을 겪는다든지 하면 몇 주일 동안 기억이 생생

하게 날 것이다. 존재의 일상적인 틀에서 크게 벗어난 그 경험은 삶에 아름다움을 더하게 된다. 그런 예의 대신에 그보다 훨씬 더 크고 더 바람직한 뭔가가 정착하게 되었다면, 애틋한 감정을 불러일으키는 그 옛날의 예절이 사라졌다 해도 별로 문제가 되지 않을 것이다. 여하튼, 특권계급의 소수의 부인에게 쏟았던 옛 사회의 세련된 예의 대신에 경제적 곤경에 처해 힘들어 하는 다수의 여성들을 배려하는 새로운 태도가 생겨났을 수도 있기 때문이다. 필요한 것은 귀족의 기사도가 아니라 인류의 교양이지 않은가.

우리 사회에도 보호를 받는 계급이 있는 것은 사실이다. 그러나 그 계급의 구성원들은 지속적으로 바뀌고 있다. 만약에 당신이 큰 재산을 소유하고 있다면, 그 재산을 당신의 자식들에게 보장하는 것은 가능하다. 그러나 당신의 손자까지는 좀처럼 보장이 되지 않는다. 큰 재산을 일군 두뇌의 힘과 도덕의 힘이 가문에서 사라지기 시작하면, 그 많던 재산이 날개를 달고 다 날아가는 것은 잠깐의 일이다. 특권 집단의 구성원들이 끊임없이 바뀌고 있다는 사실은 귀족계급이 영원히 고립되지 못하도록 막아준다. 그렇기 때문에 사회적으로 속물근성이 더 천박하고 더 노골적인 것처럼 보이지만 사실은 그런 근성이 사라지는 경향이 나타나고 있다. 만일 속물근성을 보이는 사람들이 충분히 빨리 흘러가지 않는다면, 사람들이 들고 일어나서 그런 사람들의 퇴출을 촉구하는 일이 언제나 벌어질 수 있다. 프랑스 혁명 때 그랬던 것처럼 말이다.

따라서 오늘날엔 교양이 상층부의 특권계급에 의해 표현되는 정도가 과거의 그 어느 시대보다 덜하다. 지금 우리는 정신의 목적과 삶의 일상적인 영위를 떼어놓을 수 없다. 과거에는 정신의 목적을 일상적인 삶과 구분시키는 것이 늘 가능했다. 또 삶의 중요한 일이 완료될 때까지 기다렸다가 그때부터 교양을 쌓겠다고 바랄 수도 없다. 아무튼 우리는 인생의 활동과 경험을 통해서 교양을 쌓아나가야 한다. 그렇지 않으면 우리는 영원히 교양을 쌓지 못하고 말 것이다. 따라서 직장을 통한 수양의 문제는 바로 우리 현대인의 문제인 것이다.

행동과 꿈

직업이 삶의 중요한 한 길임에도 불구하고 오늘날 단순히 생계를 버는 수단으로만 여겨지는 것은 유감스러운 일이 아닌가? 직업은 생계를 버는 한 가지 방법임에 틀림없으며, 또 인간 존재들이 적어도 자신이 사회로부터 받는 만큼은 사회에 베풀어야 하는 의무가 아주 무겁다는 것을 우리는 보았다. 그러나 그 정도의 의무는 단지 삶의 영위에 있어서 경상비를 지급하는 것에 지나지 않는다. 사업가라면 누구나 여러 해 동안 일을 수행하면서 겨우 경상비만을 지급하는 것은 실패라는 사실을 잘 알 것이다. 사업의 성공은 경상비 이상으로 버는지 여부에 달려 있다. 인생도 마찬가지이다. 따라서 직업의 진정한 의미는 인생의 위대한 목표들, 말하자면 수양과 봉사를 이루는 길이라는 것이다. 그리고 직업은 그런 식으로 인식될 때에만 우리의 인생에서 적절한 자리를 차지하게 된다.

삶의 기술의 다른 모든 것들과 마찬가지로, 직업도 결코 과학으로 정리될 수 없다. 직업은 언제나 두 가지 요소를 기술적으로 조정하는 문제인데, 각 요소는 끊임없이 변하고 있다. 매일 달라지는 개인의 주관적인 능력은 마찬가지로 매일 변하고 있는, 이 세상의 객관적인 필요와 요구에 따라 어떻게든 조정되어야 한다. 그런 식으로 자신의 능력을 사회의 요구에 맞춰 조정하는 문제가 어려운 것이 오히려 이상하지 않는가? 그다지 어렵지 않다. 행위는 그 행위를 고무하는 이상에 비하면 터무니없이 제한적이다. 꿈을 꾸는 동안에는 우리는 무엇이든 할 수 있다. 그러나 행동을 할 때면, 우리는 그 무궁무진한 가능성들 중에서 아주 작은 일부만을 실현할 수 있을 뿐이다.

이런 사실은 인생의 역설들 중 많은 것을 설명한다. 예를 들자면, 아기들이 우리에게 매우 소중하게 여겨지는 이유도 그것으로 설명된다. 부모는 두 살배기 아이의 눈을 들여다보면서 인류의 그 작은 원자가 타고난 모든 가능성들을 꿈꾼다. 그 아이는 플라톤과 같은 사상을 생각할 수도 있고, 셰익스피어의 '햄릿'과 같은 작품을 쓸 수도 있을 것이고, 아니면 아시시의 성 프란치스코(St. Francis of Assisi)와 같은 숭고한 도덕성으로 삶을 살 수도 있을 것이다. 그렇게 하지 못할 이유가 있는가?

"나는 이 천체의 주인이고

묘성(昴星)과 태양년의 주인이고

카이사르의 손과 플라톤의 뇌의 주인이고

예수 그리스도의 가슴과

셰익스피어의 노력의 주인이라네."

에머슨의 말이 맞는다. 우리 중에서 가장 비천한 사람에게도 이 모든 잠재력이 숨어 있다. 우리에게 시간과 기회만

충분히 주어진다면 우리는 어느 쪽으로든 무한히 발달할 수 있다. 우리 모두는 인간성의 한 작은 단위이지 한 부분이 아니다. 말하자면 우리 인간 존재 하나하나는 모든 가능성들을 모두 포함하고 있는 일종의 생식세포와 같다는 뜻이다. 지금 당장은 플라톤의 철학과 같은 것을 생각하지 못할 수 있다. 그러나 우리는 지적 삶에서 앞으로 한 걸음 더 나아갈 수는 있다. 우리에게 영원한 세월이 주어진다면, 언젠가는 우리가 플라톤의 철학과 같은 것을 생각할 시점이 오고 말 것이다. 지금은 성 프란치스코의 도덕적 숭고함과는 거리가 한참 멀 수 있다. 그러나 우리는 그 숭고함에 한 걸음씩 가까이 다가갈 수 있다. 그 걸음이 무수히 많이 이어질 때, 우리가 닿지 못할 인생의 정상 같은 것은 어디에도 없을 것이다.

그러나 이 세상 다음에 어떤 세상들이 펼쳐지는지 모르지만 이 세상에서는 무한한 시간과 기회가 절대로 주어질 수 없다. 우리는 지금 이 장(章)을 살아야 한다. 우리는 영원뿐만 아니라 유한한 시간을 위해서도 계획을 짜야 한다. 만일 지금 이 세상에서 허용된 70년 남짓한 세월을 기초를 쌓는 일에만 몽땅 쏟는다면, 우리는 인생의 사원을 절대로 짓지 못하게 된다. 만일 우리가 토대를 아주 좁게 잡고 거기에 일층 건물을 올린 다음에 그 구조를 점점 더 키워간다면, 그 건물은 허물어지고 말 것이며 그러면 우리는 인생의 신전을 절대로 올리지 못하게 될 것이다. 어쨌든 우리는 토대를 놓는 일과 상부 구조물을 올리는 일을 동시에 해야 한다. 그래야만 우리가 인생이라고 부르는 짤막한 장(章)의 끝에 이르러 막이 내리기 전에 무엇인가를 이룰 수 있게 된다.

부모가 어린아이의 눈을 들여다보면서 망각하고 있는 것은 그 깨끗한 육체에 응축되어 있는 무수히 많은 잠재력 중에서 기껏해야 아주 보잘것없는 파편만이 이 세상에서 주어진 짧은 생에서 이뤄질 수 있다는 사실이다. 요람을 벗어난 아이들 중에서 천재성을 보이는 아이들이 적은 이유도 바로 거기에 있다.

에머슨은 소로(Henry David Thoreau)의 원고를 인용한다. "젊은이는 달까지 연결할 다리를 건설하거나 지구 위에 궁전이나 신전을 세울 재료들을 모은다. 그러다가 마침내 중년이 되면 그 재료들을 갖고 장작을 넣어둘 오두막을 짓기로 결정한다." 행동의 세계와 꿈의 세계의 관계를 잘 말해주는 이야기이다. 아주 소중한 가르침이다. 스페인에다가 불가능한 성을 짓겠다고 영원히 꿈만 꾸고 있는 것보다 인생의 불을 지필 장작들을 잘 보관할 괜찮은 오두막을 하나 짓는 것이 훨씬 더 낫다. 그리고 경이로운 것은 당신이 오두막을 지을 때 그 성을 소유하게 된다는 점이다. 당신이 꿈의 세계 안에서 살고 있는 한, 이상(理想)은 언제나 헛되고 당신을 현혹시킨다. 그 꿈의 아주 작은 한 조각이 당신의 노고를 통해 현실로 실현될 때, 이상 전체가 현실의 것이 된다.

『빌헬름 마이스터의 수업시대』중에서 삶의 지혜가 가득 담긴 한 대목에서 괴테는 이렇게 말한다. "우리 앞에 거대한 인생이 놓여 있다. 마치 건축가 앞에 거대한 돌산이 놓여 있듯이. 건축가는 자기 앞에 놓인 거대한 돌산에서 효율성과 적합성, 내구성 등을 두루 고려하며 형태와 패턴을 독창적으로 결합하려 고민하는 때를 제외하고는 건축가라는 이름으로 불릴 자격이 없다. 우리의 밖에 있는 모든 것들과 우리에게 있는 모든 것들은 단지 재료들에 지나지 않는다는 점을 나는 덧붙여야 할 것 같다. 그러나 우리의 내면 깊은 곳에는 창조의 힘이 자리 잡고 있다. 이 창조의 힘이 이 재료들을 바탕으로 여러 가지를 만들어낼 수 있다. 이 창조의 힘은 우리 밖에 있는 재료들과 우리에게 있는 재료들이 이런저런 방식으로 그런 패턴들을 만들어내기 전까지는 우리가 잠을 자도록 내버려두지도 않고 휴식을 취하도록 내버려두지도 않는다."

따라서 우리 모두는 예술가이다. 이 세상은 대리석 산이고, 우리는 이 대리석 산을 소유하고 있다. 우리는 석재 하나를 선택하여 캐내고, 이어 또 다른 석재를 계속해서 캐낼 것이다. 갈수록 대리석의 결이 경이로울 정도로 좋다. 그 산은 우리의 것이다. 그러나 여기서 중요한 논지는 이것이다. 만일 우리가 처음 한 개의 석재를 결정한 다음에 아주 오랫동안 공을 들여 깎고 다듬어 조상(彫像)을 만들지 않는다면, 우리가 대리석 산을 소유하고 있다는 사실은 아무런 의미를 지니지 못한다는 사실이다. 단 하나라도 조상을 만들어낼 때에야 비로소 우리는 그 산을 진정으로 소유하게 된다.

모든 직업에서 일의 의미는 행해진 작업보다는 사람이 그 작업을 통해 이루는 인간적 성장에 있다. 과학의 모든 분야에서도 마찬가지이다. 대수와 기하학 분야에서 현명한 선생들이 문제의 독창적인 해결을 끊임없이 강조하는 이유는 무엇인가? 학생이 아주 많은 단계를 거치고 매우 많은 법칙들을 기억하도록 하려는 것이 아니다. 학생이 새로운 문제를 해결할 힘을 개발하도록 하려는 것이다. 학생이 정신적 재료들을 획득하게 하는 것이 아니라 학생이 정신적 성숙을 꾀하도록 하는 것이 보다 깊은 목표인 것이다. 그래서 오늘날엔 자연과학을 실험실과 현장 중심으로 가르쳐야 한다는 목소리가 높다. 그런 방법들은 힘들고 느리다. 학생은 괜찮은 교과서를 1주일만 공부하면 실험실과 현장에서 한 학기 동안 얻을 수 있는 것보다 훨씬 더 많은 사실과 법칙을 배울 수 있다. 그런데도 굳이 더 느린 방법을 요구하는 이유는 무엇인가? 왜냐하면 직접 자연을 직시하면서 한 가지 사실을 파악해내는 그 작은 능력이 매우 훌륭한 사람이 정리해 놓은 책의 내용을 암기하는 그 이상의 가치를 지니기 때문이다.

과학이 그렇듯이, 예술 또한 그렇다. 정말로, 예술은 직업에서 가능한 것들이 어떤 것인지를 상징적으로 잘 보여준다. 예술은 이 지구상에서 가장 자유로운 직업이다. 예술가는 다른 어떠한 분야의 근로자보다 여론의 영향과 사회적 제약을 덜 받는다. 더 나아가 만일 예술가가 자기 분야의 기술을 완벽히 터득한 거장이라면, 그는 예술을 통해 가장 높은 꿈을 표현할 수 있다. 삶의 다른 길에서는 절대로 가능하지 않은 일이다. 인간 존재와 함께 일을 할 때, 심지어 그 인간 존재가 비교적 유연한 어린아이일 때조차도, 우리는 그들이 저항한다는 사실을 발견한다. 모든 것을 우리에게 맡기지 않는다는 뜻이다. 그러나 캔버스나 벽 앞에서 형태와 색깔로 그림을 그리거나, 대리석을 깎고 다듬어 아름다운 조상을 만들거나, 음악의 하모니를 추구하거나, 시의 운율과 이미지를 떠올리는 예술가는 자신의 이상을 완벽히 구현할 수 있다.

예술이 이런 막강한 파워를 지니고 있다면, 우리가 그것을 지속적으로 새롭게 창조해내야 하는 이유는 무엇인가? 어떤 학생이 예술에 평생을 바친다 해도, 그는 이미 그려진 그림들을 다 통달하지 못하고 또 과거의 책들을 보관하고 있는 도서관의 먼지 덮인 서가 하나에 꽂힌 책도 다 읽지 못한다. 그런데 새로운 갤러리에 걸 그림을 새로 그리고, 다른 대리석 홀을 채울 조상을 새로 제작하고, 끝도 없이 책을 쓰고 있는 이유는 무엇인가? 게다가 살아 있는 자연과 인간의 세계에 비하면 예술은 죽은 것 같다. 아무리 훌륭한 풍경화라 하더라도 무한히 변하는 자연의 아름다움 중에서 어느 한 순간을 포착한 것에 지나지 않고, 아무리 뛰어난 초상화라도 얼굴을 스치는 수많은 표정 중 어느 하나를 그린 것에 지나지 않는다. 소설이나 연극은 무한히 변화하는 인생이라는 두꺼운 책 중에서 구체화된 단 한 개의 장(章)을 보여주는 것에 지나지 않는다. 그런데 예술에 뼈를 깎는 노력을 기울여야 하는 이유가 무엇인가? 에머슨은 다음과 같이 말했다. "숭고할 만큼 소박한 정신과 대화를 해보라. 그러면 가장 가치 있는 말은 더없이 소박한 말이라는 것을 알게 될 것이다. 그런 말은 너무나 평범하고 너무나 자연스럽다. 그렇기 때문에 영혼의 무한한 보고(寶庫) 안에서 보면 이는 이 대지와 대기가 우리의 것인데 대지에서 몇 개의 조약돌을 줍거나 유리병에 약간의 공기를 담으려고 하는 것과 같다." 마음의 바다를 갖고 있는데, 우리가 문학의 조약돌을 주워 과거의 벽장에 보관하는 이유는 무엇인가?

이 물음에 대한 대답은 이렇다. 모든 예술 작품은 일종의 껍질과 같으며, 그 껍질을 뚫고 인간정신이 성장한다는 것이다. 미켈란젤로가 시스티나 성당의 천장에 그림을 그릴 때, 사물을 보고 창조하는 힘을 키우는 것은 그만이 아니다. 왜냐하면 색깔과 인물상들이 남아 있는 한, 그것을 보고 느낄 줄 아는 모든 사람들에게 그 천장 위로 인간애의 드라마가 펼쳐지기 때문이다. 셰익스피어가 '햄릿' 같은 작품을 성취할 때, 아니면 괴테가 '파우스트' 같은 작품을 완성할 때, 그것은 과거의 무수히 많은 걸작에 단순히 2개의 작품을 더하는 것이 아니다. 각각의 작품은 인간의 무한한 신비를 들여다볼 문을 열어주고 있다. 예술은 예술가 본인에게도, 그리고 그의 세상과 그 후의 세상에도 하나의 삶의 길이 된다.

무의미해 보이는 일

예술 분야의 직업이 삶의 한 길인 것은 사실이지만 우리 중에서 그런 고차원적인 길을 걷도록 부름을 받는 사람은 극소수이며 그렇기 때문에 그 가르침은 우리에게는 적용되지 않는다고 말할 수도 있을 것이다. 이에 대한 대답은 간단하다. 정직한 직업 중에서 어느 정도까지 예술의 경지에 이를 수 없는 것은 하나도 없다. 말하자면, 정직한 모든 직업에서 일을 충실하게 처리한다면 매일 성장이 가능하다는 뜻이다. 그리고 우리가 보아온 대로 그것이 바로 예술의 의미이다. 정말로, 최고의 예술은 삶의 기술이며, 구체적인 직업은 그런 높은 예술의 경지에 이르는 한 방법으로 그 의미를 얻는다.

대부분의 직업을 보면 지루한 일들이 아주 많기 때문에 단 하루의 행동에서는 거의 성장을 발견하지 못하는 것이 사실이다. 가게에 나가서 실꾸리와 핀을 팔거나, 의사가 환자들을 진료하면서 아픈 사람들에게 처방을 해주거나, 사소한 싸움으로 인한 소송 관련 서류를 검토하거나, 귀 기울여 잘 듣지도 않으면서 매주 설교가 더 짧았으면 좋겠다고 기대하는 신도들을 위해 설교 원고를 쓰는 등의 일은 방앗간의 곡식 빻는 일처럼 단조롭기 때문에 그 일을 하는 사람은 하루에서는 발전을 거의 느끼지 못한다.

아이들을 돌보는 일을 비롯하여 여자들이 주로 하는 일을 보면 어떠한 발전도 느껴지지 않는다. 엄마는 아이에게 옷을 입혀 밖에 나가 놀도록 한다. 그러면 아이는 조금 있다가 옷을 더럽힌 채 집으로 들어온다. 그러면 엄마는 다시 옷을 갈아입혀 밖으로 내보낸다. 조금 있으면 아이가 다시 옷을 더럽힌 상태로 들어온다. 이런 식으로 계속되다 마침내 밤이 된다. 아니면 갈아입을 옷이 더 이상 없게 되든가 엄마의 인내가 한계에 달하게 된다. 엄마는 단순히 다람쥐 쳇바퀴 돌듯 일상을 맹목적으로 사는 것처럼 보인다. 이보다 더 적절한 예는 설거지이다. 저녁식사를 준비하는 것은 그다지 나쁘지 않다. 그것은 식사 시간의 즐거움이 기대되는 일이기 때문이다. 그러나 저녁식사를 끝내고 나면, 더러워진 접시의 냄새가 역하게 느껴진다. 접시를 씻고 닦아서 정리를 해야 한다. 이때는 겨우 5시간 후면 접시가 다시 더럽혀질 텐데 하는 생각밖에 들지 않는다. 무의미한 일의 대표적인 상징처럼 보인다. 그럼에도 불구하고, 어떤 높은 목표를 세우고 즐거운 마음으로 충실하게 매일 연속적으로 하다 보면 인간 정신에 고매한 교양의 요소를 불어넣어주는 것은 바로 그런 일이다. 그렇다면 우리가 "교양"이라는 표현을 쓸 때 그것은 무슨 의미인가? 소수의 사람들에게만 주어진 어떤 지식인가 아니면 삶의 소중한 장식인가? 분명 그런 것은 아니다. 교양의 바탕을 이루는 요소들은 이런 것들이다. 지금 당장 처리해야 할 임무에 충실하고, 장애에 봉착해서도 굴하지 않고 굳은 의지를 발휘하고, 불시에 닥치는 위급한 일을 과감히 직면하고, 주의를 산만하게 만드는 삶의 사소한 일들 앞에서도 흔들림 없이 이상(理想)을 지키는 것 등이다. 이런 것들이 교양의 기본적인 요소들이다. 그리고 이런 것들은 무의미해 보이는 일을 지칠 줄 모르고 충직하게 수행해내는 사람들의 정신에 깃들게 된다.

곤경에 처한 당신이 인생의 복잡한 문제에 대한 조언을 들을 필요가 있다고 가정해보자. 그러면 당신은 누구를 찾을 것 같은가? 당신이 아는 사람 중에서 학식이 가장 높은 사람을 찾을 것인가? 아마 당신은 간혹 그런 사람에게 의존할 것이다. 이따금 그렇게 하는 것이 맞기도 하다. 그러나 좀 엉뚱하다 싶은 사람을 찾는 경우가 더 자주 있을 것이다. 평생을 아내와 엄마로 헌신적인 삶을 산 여자를 찾을 것이다. 당신은 그런 사람 앞에 자신의 문제를 털어놓고 그에 대한 대답을 얻을 것이다. 그러면 그 대답은 어디서 오는 걸까? 책을 통한 배움에서 오는 것은 아니다. 높은 목표를 추구하는 가운데 하루하루 삶을 최대한 정직하게 살고, 또 일상의 일을 충실히 수행함으로써 얻은 통찰력에서 나오는 것이다. 진실을 보기 위해선 당신 자신부터 진실해야 한다. 불성실한 사람은 신의 진리의 빛에서도 아무것도 보지 못하고 그 빛의 그림자만을 볼 것이다. 지혜와 지식은 절대로 같지 않다. 지식은 사실에 관한 것이고, 지혜는 진리에 관한 것이다. 어떤 사람이 아주 많은 것을 아는데도 전혀 현명하지 않을 수 있다. 반대로 어떤 사람이 배움이 거의 없는데도 아주 현명할 수 있다. 지식이라는 뿌리에서는 지혜의 꽃이 필 수도 있고 피지 않을 수도 있다. 그 뿌리가 정직이라는 토양에 심어진 때에 한해서만 거기서 꽃이 필 수 있다. 지혜로운 사람이 정규 교육을 거의 받지 않은 사람들 가운데서도 학식이 높은 사람들 사이에서만큼 자주 보이는 이유도 거기에 있다. 정직한 직업을 통한 수양이 오랫동안 지속되는 경우에만, 지식과 고상함이 함께 어우러지며 지혜로 성숙할 수 있다.

그렇다면 일과 관련해서 거의 보편적으로 나타나는 착시현상이 한 가지 있다. 우리 모두는 자신의 직업을 이루고 있는 무의미해 보이는 일들에 대해 소상히 알고 있다. 그건 우리가 그 일을 완수해야 하는 입장에 있기 때문이다. 반면에 다른 사람의 임무와 관련해서는 우리는 완성된 결과만을 본다. 그렇기 때문에 우리 모두는 자신의 직업에서 일어나는 무의미한 일들을 과장하고 다른 사람의 일이 틀림없이 더 쉽고 더 행복할 것이라며 부러워하는 경향을 보인다.

당신이 청중석에 앉아 있다고 상상해보자. 지금 피아노의 거장이 완벽한 연주로 당신의 감정을 휘어잡고 있다. 감정의 격랑이 당신의 가슴을 마구 친다. 그러다 연주가 끝난다. 한 순간 경외의 침묵이 흐른다. 이어 박수가 터져 나온다. 당신은 "정말 천재야!"라고 감탄하면서 집으로 돌아간다. 그렇다. 그것은 천재의 연주이다. 누군가는 천재를 힘든 일을 할 수 있는 능력이라고 정의했다. 그러나 천재는 그 이상이다. 그것보다 훨씬 더 높은 경지이다. 아무리 탁월한 재능을 타고난 사람이라도 피나는 노력을 할 능력이 없다면 두각을 별로 나타내지 못한다. 그리고 당신이 그 거장의 완성된 예술을 들을 때, 당신은 그 예술가가 방탕은커녕 타고난 권리에 속하는 순수한 즐거움마저도 삼가면서 예술에 온전히 바친 그 많은 낮과 밤들을 망각하고 있다. 그 예술가는 수많은 낮과 밤을 피나는 연습에 바쳤기에 자기 분야의 기교를 완벽하게 터득하고 계속 지켜나갈 수 있었다.

그 경지에 이르는 것이 보기에는 아주 쉬워 보이지만 실은 그렇게 되기까지 너무나 많은 노력이 필요했다. 그 경지에 이른 사람은 틀림없이 인생의 많은 부분을 거기에 투자했다. 사람들이 어떤 일을 아주 편하게 하는 것처럼 보이는 때는 바로 평생의 훈련을 바탕으로 그 일에 치열하게 임하는 때이다. 일의 세계에는 복권 같은 것은 절대로 없다. 어쩌다 거액의 복금에 당첨되는 그런 행운은 절대로 없다. 오직 진지한 노력만 있을 뿐이다. 가치 있는 것은 반드시 오랜 세월을 거치며 고된 노력을 벌인 끝에 찾아오게 되어 있다. 어느 누구도 스스로 열심히 노력해서 얻은 것이 아니면 아무것도 진정으로 소유할 수 없다. 돈을 소유하기 위해선 당신은 돈을 벌어야 한다. 그렇지 않으면 당신은 돈의 가치를 모르게 되거나 돈을 바르게 쓰는 방법을 모르게 된다. 지식을 소유하기 위해선, 당신은 지식을 획득해야 한다. 두뇌가 명석한 학생들 중에 시험을 치기 직전에 벼락치기로 공부를 하여 좋은 학점을 얻고 대학을 무난하게 졸업하는 학생들이 있는데, 이들은 인생이라는 보다 느린 경주에서는 재능이 없어서 그때까지 모든 단계를 일일이 착실히 밟고 온 사람들에게도 밀리게 된다.

학문 중에서 비교적 빨리 시작된 분야인 기하학의 아버지 유클리드와 관련해서 이런 이야기가 내려온다. 어느 날 그는 이집트의 왕에게 자신의 새로운 학문을 가르치라는 지시를 받았다. 그는 우리와 마찬가지로 정의(定義)와 공리(公理), 정리(定理)부터 가르치기 시작했다. 오늘날 우리도 그의 교과서에서 크게 벗어나지 않았다. 그 왕은 차츰 짜증을 내다가 분노를 터뜨렸다. "왕도 노예처럼 배워야 하는가?" 그러자 유클리드는 한 가지 학문을 알려면 처음부터 끝까지 철저히 배워야 한다는 진리를 잘 알고 있었던 터라 "기하학에는 절대로 왕도(王道)가 없나이다!"라고 대답했다. 우리는 유클리드의 대답을 보편적으로 적용할 수 있다. 이 지구상에서 가치 있는 모든 것을 얻는 데는 왕도란 절대로 없다. 아마 천국의 모든 것을 얻는 데도 왕도가 없긴 마찬가지일 것이다. 오랜 세월 동안 매일 줄기차게 열심히 노력하는 외에 달리 방법이 없는 것이다. 스피노자는 『에티카』의 마지막 문장에서 이렇게 말했다. "고귀한 모든 것은 귀한 만큼 어렵다." 여기에 우리는 고귀한 모든 것은 어렵기 때문에 귀하다고 덧붙일 수 있을 것이다.

위선과 성실

모든 위대한 성취에는 일상적인 일을 즐거운 마음으로 수행하는 것이 반드시 필요하다. 그리고 높은 목표에 맞춰 일을 하면 정신의 훌륭한 자질이 개발된다. 그럼에도 우리는 일생에 무의미한 일이 지나치게 많다는 점을 솔직히 인정해야 한다. 그런 무의미한 일은 정신을 몽롱하게 만들고 능력을 떨어뜨린다. 가치 있는 무엇인가를 성취하기 위해선 정신을 치열하게 집중할 줄 알아야 한다. 그러나 그 긴장을 풀어놓아야 하는 때도 잘 알아야 한다. 부단한 노력은 평범하고, 노력하는 척 하는 것은 자기기만이다. 균형이 잘 잡힌 노력이야말로 천재의 열쇠이다. 부단한 노력으로 스스로에게 채찍을 가하고, 그런 다음에 긴장을 풀어주며 편안하고 열린 마음과 가슴으로 세상을 느낄 줄 알아야만, 말하자면 부단한 노력과 휴식을 잘 조화시켜야만 훌륭한 삶이 될 수 있다. 둘 중 어느 하나만은 가망 없는 타락을 의미한다.

이상(理想)을 더 이상 생각하지 않을 때, 균형이 깨어진 일상적 일의 악영향은 몇 배나 더 빨리 나타난다. 행위가 기계적일수록, 일을 처리하는 과정에 그 전의 흔적을 지나치게 깊이 팔 위험 또한 더 커진다. 그렇게 되면 사람은 그 자국 깊은 곳에 묻혀서 아무것도 보지 못하게 된다. 매우 복잡한 기계가 발명됨에 따라, 훈련이 잘 된 장인(匠人)들이 거대한 기계를 어설프게 조작하는 사람들에게 자리를 내 주고 있다. 그렇기 때문에 산업 분야에서 밖을 보지 못할 위험은 몇 배 더 커졌다. 따라서 그런 노동 시간을 줄이고 다른 자유로운 활동을 함으로써 기계적인 작업이 균형을 이루게 할 필요성이 생겨났다.

그러나 기계적인 형태의 노동에도 이점이 있다. 그 행위가 아주 빨리 자동화된다는 사실 때문에 생기는 이점이다.

만일 기계적인 작업이 앞에서 말한 한계들을 안고 있다면, 가장 큰 위험이 따르는 직업은 우리가 고차원적인 직업이라고 부르는 것들이다. 왜냐하면 이런 직업을 가진 사람들은 온갖 압박과 사회적 힘들의 속박에 노출되어 있으며, 세속적 성공이 주로 겉치레와 기만의 결과이기 때문이다. 소로는 이것을 잘 이해했다. 그는 인습이 지배하는 연단에서는 설교를 하지 못하며 정직할 수도 없다는 사실을 깨달았다. 그런 경우에는 그 자리에 모인 사람들의 마음에 들 말만 해야 하기 때문이다. 그는 학교에서 학생들도 가르치지 못했다. 자신의 행동과 가르침이 후원자들의 관점과 맞아야 했기 때문이다. 그래서 그는 단순한 형태의 기계적인 노동으로 생계를 벌었고, 하루에 겨우 몇 센트로 생활했으며, 자신이 믿는 바를 돈을 받지 않고 가르쳤다. 이는 한 가지 해결책이기는 하지만 많은 사람들에게 매력적으로 다가오지는 않는다.

플라톤은 "공중이 가장 위대한 소피스트이다."라고 말했다. 한 동안은 실체보다 겉모양에 방점이 찍히는 것 같다. 정신의 의사라 할 수 있는 목사와 같은 높은 소명의 직업을 예로 들어보자. 목사는 공동체에서 도덕적 모델이 될 것으로 기대된다. 그런데 목사는 대부분 여자들을 대상으로 설교를 한다. 자신의 신도들 중 남자들과는 진솔한 동료애를 쌓을 기회를 거의 갖지 못한다. 그런 가운데 목사는 세상에 떼밀려 홀로 존경을 받는 위치에 선다. 그렇기 때문에 목사가 자신의 실제 모습보다 겉으로 드러나는 모습에 더 신경을 쓸 위험이 있다. 이처럼 겉모습에 신경을 쓰는 것은 위선으로 가는 지름길이다. 따라서 가식이나 허식이 전혀 없이 철저히 성실할 수 있는 목사는 정신의 성자와 같으며 또 그런 존재로서 명예를 누릴 수 있어야 한다.

의사에겐 한 동안 라틴어로 처방전을 쓰면서 신비스럽고 전능한 분위기를 풍기는 것이 도움이 될 것이다. 또 많은 사람들이 가능한 한 오랫동안 병에 걸리는 것도 그에게 이로울 것이다. 그건 큰 유혹이 아닐 수 없다. 서구 문명과 많은 점에서 다른 중국인들은 이 문제를 해결한 것 같다. 중국에서는 가족 구성원들이 모두 건강한 동안에만 의사가 월급을 받는 것으로 전해진다. 가족 구성원 중 누구라도 아프게 되면 가족이 다 나을 때까지 의사의 월급은 중단된다. 이것도 한 가지 방법이다.

이젠 변호사를 보자. 사람들이 다투어야 그들에게 돈이 생긴다. 또 화해의 과정이 길고 어려워야 그들에게 유리하다. 법률이 복잡한 용어와 모순되는 전문용어들로 채워질수록, 전문적 변호사에 대한 수요가 더 늘어나고 그들이 받는 수수료 또한 더 커진다. 더욱이, 변호사가 종종 자기 자신조차도 그 진실성을 믿지 않는 사건을 진실한 것처럼 꾸미려 노력한 대가로 돈을 챙기게 하는 시스템은 변호사 자신의 정신적 존엄에 엄청난 부담을 가한다. 훌륭한 변호사들이 스스로 무죄라고 믿지 못하는 사람에 대한 변론을 거부한 예들도 있긴 있다. 그러나 형법 분야에서 활동하는 젊은 변호사는 그런 규칙을 따르면서 그 분야에서 성공을 거두기란 거의 불가능하다고 말할 것이다.

아이들과 젊은이들의 내면에 인간 정신을 배양하는 일이라면, 교사라는 직업보다 더 고귀한 직업이 있을까? 이 직업이 안고 있는 가능성들이 그처럼 숭고함에도 불구하고, 이 직업의 불행한 "특징들", 말하자면 단정적인 태도와 새된 목소리, 그리고 상대방을 가르치듯 대하는 스타일부터 먼저 몸에 익히는 교사가 자주 눈에 띈다. 이런 특징들이야말로 미성숙한 아이들을 습관적으로 다루며 권위를 행사하다 보면 생겨나는 것들이 아닌가.

제임스 밀(James Mill)에 따르면, 잡지 문학의 경우에는 잡지가 발간되는 그 주나 달에 성공을 거두어야 하며 따라서 잡지 문학이 성공하는 가장 쉬운 길은 여론의 겉으로 드러나는 일시적 변덕을 잘 포착하여 표현하는 것이라고 한다. 그 변덕에 맞춰 장단을 치고 싶은 유혹은 작가와 편집자, 출판업자에게 똑같이 강하다. 게다가, 순간의 통속적 관심을 충족시켜주는 연극이나 소설 또는 기사는 상업적 성공을 거둘 수 있다. 그 결과 섹스 본능을 상스럽게 악용하는 음란한 글들이 대량으로 쏟아져 나오게 되었다.

그렇다면, 이 세상이 이상하게도 모든 분야에 걸쳐서 지도자들에게 최악의 존재가 되어 달라며 뇌물을 먹이고 있는 것이나 마찬가지이다. 교사와 목사들 중에서 자신의 생각을 쉽게 전파하는 유일한 길이라는 판단에서 모든 것을 과장해 말한다고 솔직히 인정하는 사람들을 나는 알고 있다. 이 악덕은 모든 지도자를 강하게 유혹한다. 그러나 그 악덕의 결과는 어떤가? 그 순간에는 청중이 박수갈채를 보낸다. 그러나 조금 뒤에 집에 돌아가서 그 순간을 되돌아보면, 생각이 있는 사람이라면 "아니야, 그건 아니야."라고 말하게 된다. 따라서 순간의 효과가 나타나긴 하지만, 장기적으로 보면 그 명분을 지지하도록 끌어들여야 할 사람들을 오히려 소외시키는 결과를 낳는다. 그렇게 되면 당연히 연사 본인의 마음도 상처를 입게 된다.

경구(警句)의 유혹도 마찬가지로 위험하다. 진리의 말은 균형감이 있고 차분하지만 반만 진리인 말엔 촌철살인의 재기가 번득인다. 그래서 연사와 작가는 경구의 재기를 위해 진리를, 또 화려한 효과를 위해 건전한 비전을 희생시키고 싶은 유혹을 끊임없이 받고 있다. 이 덫에 갇혀 있는 사람들 중에는 사상의 숲을 거니는 모든 사람들을 위협할 정도로 인기 있고 위대한 인물도 있다.

이 대목에서 제임스 L. 휴즈(James L. Hughes)라는 교육자가 떠오른다. 그는 청중이 독창적인 사고에 박수갈채를 보냈다는 소리를 한 번도 들어보지 못했다는 점을 강조했다. 아마 극단적인 표현일 수도 있을 것이다. 그러나 만일 그런 독창적인 사상을 듣게 된다면, 당신은 박수를 치기보다는 그냥 조용히 앉아서 마음속으로 그 사상의 도전을 받아들이면서 "저 말이 사실일까?"라고 묻게 된다.

한편 어떠한 청중이라도 거의 언제나 박수를 치도록 유도하는 수법이 있다. 연사는 전혀 사고를 할 필요가 없다. 왜냐하면 사고는 어려운 일이고, 모든 청중은 그런 어려운 일에서 놓여났다는 사실에 기뻐할 것이기 때문이다. 그저 인습적인 도덕을 일깨우는 단어들, 말하자면 가정과 고국, 어머니 같은 단어들을 아주 감동적인 목소리로 자주 사용하기만 하면 된다. 그러면 거의 모든 청중이 박수를 칠 것이다. 아무 생각이 없는 사람들도 이런 단어들만 들리면 박수를 쳐야 할 때라는 것을 잘 안다. 형편없는 삶을 사는 사람들이 대체로 시끄럽게 군다. 왜냐하면 그들이 떠들썩하게 박수를 치며 인습적인 도덕을 강조하는 맨 앞자리로 들어감으로써 자신들의 과거의 흔적을 가리길 원하기 때문이다. 진정으로 생각하는 극소수의 사람들은 아마 혐오감을 느끼며 그 자리에 말없이 앉아 있을 것이다. 그러나 그 사람들은 다음에는 그 자리에 나타나지 않을 것이다. 그러면 그때는 청중의 박수 소리가 더 요란해질 것이다. 이런 현상은 상당한 기간 동안 계속될 것이다. 그러다 어느 순간 사람들이 깨닫게 될 것이다. "아니, 이건 허풍이고 협잡이야. 저 허풍선이를 몰아내!" 이렇게 되면 허풍선이가 벌을 받는 것이 당연하다. 그러나 그런 사람이 최악의 존재가 되도록 뇌물을 먹이는 이 세상에겐 그를 차버릴 권리마저 없다.

물론 이 모든 현상에는 또 다른 면이 있다. 인간은 허풍과 협잡, 겉치레와 감각적 호소에 반응할 준비가 되어 있는 한편으로, 더없이 단순한 형태로 표현되는 지고지순한 진리에도 반응할 태세를 언제나 취하고 있다. 가장 숭고한 것은 가장 저열한 것에 호소력을 발휘한다. 극과 극은 서로 통하는 것이다. 만일 이것이 진리가 아니라면, 민주주의에는 희망이 전혀 없을 것이다. 그러나 인류의 가슴을 정확히 파악하여 그것을 아주 단순하게 표현하기 위해서는 천재가 필요한데, 요즘 그런 천재가 무척 드물다.

　　모든 직업에는 그 나름의 위험이 따른다. 이 위험은 수양과 봉사의 기회와 비례한다. 기회가 클수록, 추락도 그만큼 더 쉽다. 유일한 보호수단은 끊임없는 노력과 철저한 성실이다. 겉모습의 길은 죽음의 길이고, 실체의 길은 삶의 길이라는 점을 누구나 항상 명심해야 한다. 누구나 이것을 모든 행동의 기본원칙으로 삼는 것을 게을리 하지 말아야 한다. 허위와 협잡에 물질적 보상이 주어지는 것처럼 보일 때조차도 이 원칙에 충실해야 한다. 정말로, 일을 하는 사람의 기본적인 태도가 그 일의 가치를 결정한다. 일의 가치는 그 일에 사람의 노력이 얼마만큼 담겨 있느냐에 따라 결정된다. 그 노력 이상으로는 절대로 평가받지 못한다. 정말 다행스럽게도, 그 노력 이하로도 절대로 평가받지 않는다.

직업과 부업

　　어떤 사람이 특정한 직업의 위험을 피하는 데 성공한 때조차도, 조금 시간이 흐르다 보면 그 사람은 수양의 기회 중 많은 것을, 가끔은 봉사의 기회 중 많은 것을 써버렸다는 것을 깨달을 수도 있다. 물론 일상적인 반복에서도 뭔가를 배울 수 있다. 그러나 독창적인 성취를 통해 배우는 것과는 비할 바가 못 된다. 만일 무의미해 보이는 일에도 대단한 능력이 필요하다면, 그 직업을 삶의 한 길로 만들기 위해선 거기에 맞춰 스스로를 끊임없이 재조정하고 새로운 기회를 포착하는 능력도 필요하다. 사람이 대단히 큰 것을 성취했다면, 그때는 바로 다른 무엇인가를 할 때이다. 성공은 그 사람으로 하여금 이미 발자국이 선명한 길을 계속 걷도록 유혹한다. 반면에 실패는 그 사람으로 하여금 새로운 출발을 하며 새롭게 도전하도록 만든다. 어떤 사람이 특정 분야에서 배울 것을 다 배우고 또 기여도 할 만큼 했다고 판단한다면, 그 다음에는 어떻게 해야 하는가? 미국에서는 사람들이 무엇이든 가능하다고 믿으면서 직업을 바꾸는 경향이 강하다. 우리는 인생 초반에 자리를 확고히 잡기를 간절히 바란다. 그렇기 때문에 처음 맺는 우정을 평생 이어질 우정으로 생각하는 경향이 있다. 물론 초기의 우정이 평생 우정이 되는 경우도 간혹 있다. 그러나 그렇지 않은 경우가 확실히 더 많다. 그렇듯 우리는 처음 갖게 된 의미 있는 직업이 평생 직업이 될 것이라고 상상한다. 물론 의미 있는 첫 직업이 평생 직업이 되는 경우도 간혹 있다. 그러나 첫 직업이 인생의 길에서 디딤돌 역할을 하는 경우가 더 자주 있다. 따라서 만약에 돈과 명성보다 더 고차원적인 무엇인가로 인생을 평가하길 원한다면, 우리는 흔히들 가능하다고 생각하는 것보다 더 자주 다른 기회로 옮겨가야 할 것이다.

헨리 데이비드 소로를 보도록 하자. 그가 젊어서 수입 흑연연필보다 더 우수한 연필을 만들려고 시도했다는 사실을 여러분도 기억하고 있다. 실험과 연구 끝에 그는 그 연필을 개발하는 데 성공했다. 그러자 친구들은 소로가 이미 인생에서 성공을 거두었으며 그렇기 때문에 그의 길은 이미 정해졌다고 생각했다. 그런데 그는 새 연필을 추가로 만들기를 한사코 거부해 친구들을 놀라게 함과 동시에 분노하게도 만들었다. "왜 내가 연필을 또 만들어야 하지? 난 그 방법을 이미 배웠어. 그런데 되풀이해야 하는 이유가 뭐야?" 비현실적이고 바보스럽기도 하지만 이건 어디까지나 숭고한 바보스러움이다. 소로의 선택은 직업에 임하는 건전한 태도인, 지속적으로 전진한다는 정신을 잘 보여주는 한 예가 될 것이다.

그러나 우리는 자신의 정신의 선택과 욕구를 좀처럼 자유로이 따르지 못한다. 우리는 책무를 받아들였고, 따라서 그것을 충실히 완수해야 한다. 보다 큰 가능성의 길은 절대로 오늘의 작은 의무 아래로 나 있지 않다. 그 길은 어디까지나 오늘의 작은 의무를 거쳐 정상을 향해 용감하게 올라가는 오르막길이다. 그 길을 올라가다 보면 언제나 더 훌륭한 기회가 나타나게 되어 있다. 따라서 사람은 최고의 수양과 봉사가 상당히 어려워 보이는 직종에서도 의무 자체에 충실하며 지속적으로 일을 해야 한다.

그런 때조차도 우리가 할 수 있는 것이 있다. 삶의 여가 시간에 부업을 한 가지 가꿔나갈 수 있는 것이다. 오늘날엔 "vocation(직업)"과 "avocation(부업)"이라는 단어가 같은 뜻으로 쓰이기도 한다. 명백히 다른 뜻을 갖고 있는 두 단어를 같은 뜻으로 쓰면서 낭비하는 것은 유감스런 일이 아닐 수 없다. 직업은 사람이 삶을 살면서 생계를 위해 하는 활동이다. 반면에 부업은 직업과는 별도로 하는 활동이다. 직업은 행위의 주축을 이루며, 부업은 그 사람이 선택하여 추가로 하는 일이다.

예를 들어 보자. 윌리엄 컬런 브라이언트(William Cullen Bryant)라고 하면 우리는 심미안이 탁월한 미국 초기의 시인으로 알고 있다. 그러면서 윌리엄 컬런 브라이언트가 뉴욕에서 책상에 앉아 저널리스트로 활동하면서 생계비를 벌었다는 사실을 망각하고 있다. 그를 언제나 시인으로 기억하게 만든 그의 작품들은 대부분의 사람들이 낭비하는 삶의 여가 시간에 성취한 것이었다.

존 스튜어트 밀(John Stuart Mill)은 우리에게 위대한 민주주의자, 여성운동 지도자, 급진적 사상가, 그리고 지금도 걸작으로 꼽히는 논리 및 정치경제 저작물의 저자로 알려져 있다. 밀에 관해서도 우리는 그가 17세부터 52세까지 1년에 11개월 동안 1주일에 6일씩 런던의 동인도회사 사무실에서 인도 대륙 국가들의 정부에 보낼 전보와 편지의 초안을 작성하면서 생계를 유지했다는 사실을 망각하고 있다. 이 세상이 그를 기억하게 만든 위대한 저작물은 모두 대부분의 사람들이 낭비하고 또 일부 사람들은 고의로 죽이려 드는 그 여가 시간에 이룬 것이었다. 그렇다면 시간을 죽이는 것, 그것은 기회를 죽이는 것이 아닌가!

매튜 아놀드(Matthew Arnold)의 편지도 기억난다. 그의 편지를 보면 아놀드는 장학관으로서의 활동 때문에 시와 비평에 충실하지 못한 점을 후회하고 있다. 당대의 탁월한 사상가와 시인, 에세이스트로 꼽혔던 매튜 아놀드가 학교들을 조사하고 그 실태에 관한 보고서를 영국 정부에 제출하는 힘든 일로 생계를 유지했다는 사실도 충격이거니와 그의 문학적 활동이 여가 시간에 추구한 부업이었다는 사실은 더 큰 충격으로 다가온다.

지금의 시선으로 보면 영국이 존 스튜어트 밀을 35년 동안이나 동인도회사 사무실에서 일을 하도록 하고 매튜 아놀드도 그만큼의 세월 동안 장학관이라는 힘든 일을 하게 했다는 사실은 유감이다. 그러나 밀과 아놀드에게 있어서 올바른 삶의 태도는 오늘날 스스로 예술적 재능을 가졌다고 생각하는 많은 젊은이들이 하는 짓을 하지 않는 것이었다. 말하자면 가만히 앉아서 이 세상이 자신의 위대함을 제대로 평가해주지 않는다고 비통해하고, 돈 많은 부자들이 자신을 유럽으로 유학을 보내주지 않는다고 불평하는 것은 그들의 태도가 아니었다. 정직하게 일터로 나가서 열심히 일을 해 생계를 꾸리면서 부업으로 다른 활동을 하는 것이 그들의 태도였다.

여러 활동이 이런 식으로 서로 결합될 때, 직업을 통한 수양은 더욱 커지게 된다. 존 스튜어트 밀이 동인도회사를 위해 35년 동안 일하면서 얻은 교육에 대해 들려주는, 짧지만 알찬 두 쪽의 글을 읽어보라. 그가 자신의 사상을 널리 퍼뜨리고, 자신의 확신을 다른 사람들의 정신에 맞춰 재조정하고, 자신이 바랐던 것을 얻지 못할 상황에서 최선의 것을 얻기 위해 정치를 배웠던 이야기를 들려주고 있다. 그 글을 읽고 나면, 사회학과 정치경제 분야의 대학교수들과 작가들 중 90%가 밀의 일을 10년씩 강제적으로 한다면 이 분야들의 가르침이 훨씬 더 건전해지고 책들도 훨씬 더 알차지겠다는 생각이 들 것이다.

그러므로 취미를 가진 사람들은, 말하자면 주된 활동 분야와 다른 지적 또는 예술적 관심을 가진 사람들은 축복받은 사람임에 틀림없다. 정신의 산수에서 두 개는 아마 하나보다 더 적을 것이다. 만일 당신의 삶이 일상적인 일에 짓눌려 있다면, 거기에 다른 일을 한 가지 더 더하라. 그러면 전체 삶의 긴장이 부분의 긴장보다 더 약해질 것이다. 이걸 교실의 산수로 보여주기는 어렵다. 그러나 삶에서 그것을 증명하기는 아주 쉽다. 모든 학생은 이런 놀라운 사실을 알아야 한다. 만일 오랫동안 공부를 해야 한다면, 전체 공부 시간 중에서 매일 한 시간씩 할애하여 건전한 놀이나 격렬한 육체활동에 쏟도록 하라. 그러면 결과적으로 공부하는 시간이 더 늘어날 것이다. 과로에 시달리는 엄마들도 이런 사실을 알아야 한다. 아이들의 끝없는 요구에 쏟는 시간 중에서 하루에 반시간씩 떼어서 자신만을 위해 쓰도록 하라. 그때는 정말로 중대한 일이 아닌 이상, 아이들이 엄마를 방해하도록 내버려둬서는 안 된다. 그렇게 하면 결과적으로 엄마는 아이들을 위한 시간을 더 많이 갖게 될 것이다. 물론 내가 뜻하는 바는 엄마가 나머지 시간에 아이들에게 더 많은 것을 베풀게 된다는 의미이다. 따라서 삶의 행로에서 2가지 임무를 동시에 하는 것이 종종 한 가지 일을 하는 것보다 더 쉬울 수 있다. 또 어떤 강력한 관심사를 별도로 부업으로 추구하는 노력이 직접적인 결실을 낳을 뿐만 아니라 직업에 새로운 정신으로 임하도록 만들고 또 인생의 위대한 목적을 달성할 준비도 더 잘 갖추게 만든다.

삶의 길, 일

정직한 일을 통해서 성취되는 것이 수양과 봉사만은 아니다. 정신적 건전성도 확보된다. 비관과 절망은 게으름과 방탕의 자식들이다. 비관과 절망은 전염성 강한 질병이고 또 정신에서 정신으로 옮는다. 육체적으로 전염되는 질병들이 육체에서 육체로 옮듯 말이다. 지저분하고 불결한 주거 환경이 천연두와 디프테리아의 원인으로 여겨지듯이, 게으름과 방탕은 비관과 절망의 원인으로 통한다. 시대를 막론하고 염세주의자 중에 자신의 손으로 직접 일을 해 생계를 꾸렸던 사람이 거의 없다는 사실은 흥미롭다. 손으로 노동을 하게 되면 자연의 이로운 법칙을 보지 않을 수 없게 된다. 그렇기 때문에 그 사람은 우주의 건전성에 대해 의문을 제기하지 못하게 된다. 자신의 이상에 충실할 수 있는 유일한 길은 그 이상을 실현하려고 끝없이 노력하는 것이다. 중년의 사람이 "나도 이상들을 믿곤 했어. 처음에는 나도 이상을 실현하려고 노력했단 말이다. 그러나 삶의 현실에 그것들이 먹히지 않는다는 것을 알고는 포기해버렸어."라고 말한다면, 그 사람 본인은 잘 모르고 있을지 몰라도 그고백은 곧 자기 자신을 비난하는 것이나 마찬가지이다. 만약에 자신의 이상을 실현시키기 위해 줄기차게 노력했다면, 그는 이상에 대한 믿음을 잃지 않았을 것이다. 이상이변할 수는 있다. 아니, 변하는 것이 당연하다. 중년의 이상은 소년의 이상과 다르다. 그러나 중년의 이상은 소년 시절의 이상의 자식일 것이다. 삶의 모든 활동에서 이상에 충실한 사람이면 누구나 우주의 근본적인 건전성에 대한 믿음을 잃지 않는다. 따라서 모든 사람에겐 직업이 필요하다. 부자든 가난하든, 교양이 있든 무식하든, 남자든 여자든, 가정안이든 가정 밖이든 우리 모두는 모든 고귀한 삶의 바탕인건전하고 긍정적인 지혜를 성취하고 지켜나가기 위해 직업을 찾고 그 안에서 할 일을 충실히 수행해야 한다.

직업이든 부업이든, 일을 하는 사람의 정신과 태도가 그 일의 가치를 결정한다. 사실 우리가 일을 보는 시각에는 3가지가 있다. 첫째, 순전히 상업적인 정신으로, 말하자면 단지 사업으로만 일을 보는 것이다. 이런 경우엔 일을 정직하게 하고, 그에 합당한 돈을 받는다. 그러면 모든 것이 깨끗하게 청산된다. 그런 식이라면 훌륭한 일은 가능하지만 최선의 일은 절대로 불가능하다.

상업적 정신보다 한 차원 더 높은 것은 직업을 하나의 전문직으로 보는 전문가적 정신이다. 오늘날 일부 직업에서 이런 정신을 요구하는 목소리가 높다. 분명히 목사와 교사들 사이에도 의사와 변호사들 사이에서만큼 그런 정신이 있어야 한다. 이런 직업윤리는 단순히 상업적 정신에서 나온 결과보다 더 나은 결과를 낳는다. 예를 들어 과학자는 자신이 과학자이기 때문에 연구를 하고 논문을 써야 한다는 의무감을 느낀다. 간혹 과학자가 할 말이 전혀 없고 또 논문을 발표하지 않는 게 오히려 더 나은 경우가 있는 것도 사실이다. 그럼에도 불구하고, 전문가적 정신은 훨씬 더 훌륭한 일을 성취해낸다.

그러나 최선의 결과는 상업적 정신에서도 나오지 않고 전문가적 정신에서도 나오지 않는다. 오로지 우리의 직업을 기회와 임무로, 그리고 우리 자신과 다른 사람들을 위한 삶의 길로 보는 관점에서만 나올 수 있다. 우리가 직업에서 전진하도록 만드는 것은 바로 이런 태도이다. 이런 태도를 높이 평가해야 하며 절대로 버려서는 안 된다. 이런 태도는 실질을 중히 여기는 한편으로 외양을 무시하게 하고, 그렇게 함으로써 고상한 직업일수록 더욱 커지는 위험을 피하게 한다. 위대한 희생을 했거나 지고한 임무를 완수한 사람들은 절대로 돈이나 명성을 우선적으로 추구하지 않았다. 그들의 봉사는 살아 있는 가슴에서 무료로 나왔으며, 심지어 그 결과가 그들의 순교일 때조차도 그들은 그 대가를 기꺼이 치렀다. 순교의 불꽃은 대낮에도 빛을 비출 것이다. 중요한 것은 빛의 원천이 아니라 사람들이 빛을 보는 것이라는 사실을 그들은 깨달았다. 이런 통찰력으로 그들은 삶을 위하여 기꺼이 고통을 받아들였다. 우리가 이보다 덜 가파르고 덜 영웅적인 길로 부름을 받았을지라도, 우리의 일에 의미를 부여하는 것은 그와 똑같은 고고한 태도이다. 삶을 위해서, 말하자면 수양과 봉사와 지혜를 위해서 행해질 때에만, 그 일은 최고의 가치를 지니게 된다.

더욱이 미천하기 짝이 없는 일일지라도 그런 정신에서 수행되기만 하면 더없이 높은 이상을 지닐 수 있다. 냉수 한 컵을 건네면서도 형제애를 고스란히 표현해낼 수 있다는 말이 있다. 아마 진리일 것이다. 어떤 사람에게 자신의 삶을 돌아보도록 해보라. 그러면 그 사람은 기억에 뚜렷이 각인된 흔적들은 그를 사랑한 사람들이 그에게 베푼 친절과 사랑의 작은 행위라는 사실을 발견할 것이다. 그 행위들은 친한 친구에게조차도 혹시 오해를 사게 될까 봐 두려워 말하기를 주저하게 만들 정도로 작을 수도 있다. 이를 테면 하루를 행복하게 만든 꽃 한 송이의 선물이거나 정중한 행동일 수 있다. 그럼에도 이런 것들이 오랜 세월의 추억에 향기를 더하는 행동들이다.

따라서 행위의 가치를 결정하는 것은 그 행위의 크기가 아니라 거기에 담긴 이상이다. 에픽테토스는 "제우스를 위해 모든 것을 기꺼이 하도록 하자."고 말했다. 신을 위해, 우리 자신의 지고한 이상을 위해 모든 일을 기꺼이 하도록 하자. 그러면 아주 보잘것없는 행위조차도 거기에 담긴 정신으로 인해 거룩해질 것이다.

그렇다면 직업은 당신이 정신의 이상과 헌신을 표현하는 정도에 따라서 "고귀"하기도 하고 "저급"하기도 하다. 그리고 정직한 직업은 어떤 것이든 정신의 이상과 헌신을 요구할 것이다. 어떤 사람이 정성을 쏟아 만든 구두는 신을 가치가 충분하다. 그런 신발이라면 절대로 물이 새지 않을 것이다. 어떤 사람이 정성을 쏟아 지은 집은 살기 좋은 공간이다. 그런 집이라면 비바람에도 끄떡 않을 것이다. 어떤 사람이 정성을 다해 쓴 책들은 읽을 가치가 있다. 그런 책이라면 건전한 사고를 담고 있을 것이다.

단순한 형태의 노동을 했더라면 더 좋았을 사람이 허영과 명성을 위해서 "고상하게" 여겨지는 직업을 갖고 헛되이 빈둥거리는 경우도 있다. 이런 사람들에겐 차라리 단순노동이 자신들의 개성을 더 잘 표현할 것이고 따라서 삶과 봉사의 길로 더 훌륭할 것이다. 일의 가치는 그것을 하는 사람에게뿐만 아니라 이 세상에게도 거기에 담긴 이상과 정신에 따라 결정된다.

그러므로 생계를 버는 직업이 무엇이든, 그 일이 삶의 길이 되기 위해선 우리는 자신의 일을 반드시 존중할 수 있어야 한다. 자신의 직업을 멸시하는 사람은 어느 날 갑자기 자신의 일이 더 이상 자신의 능력 범위 안에 있지 않다는 사실을 깨닫게 될 것이다. 정직한 직업이라면 모든 정성과 노력을 다 쏟을 가치가 충분하다. 지금 자신이 하고 있는 일이 지극히 평범해 보이는 것은 착시현상 때문이다. 멀리서 보면 분명 그 일은 중요한 의미를 지닌 것처럼 보인다. 산을 가까이서 보면 바위투성이이고 그루터기들이 눈에 많이 들어올 것이다. 그러나 멀리서 보면 그 산은 눈이 시리도록 푸른 하늘을 배경으로 녹색의 아름다움을 두르고 있는 것처럼 보인다. 마찬가지로, 지금 우리의 모습을 들여다보면 무미건조한 일상에 휘둘리고 있는 것처럼 보일지 모르지만 멀리서 보면 과거라는 회색빛 지평선을 배경으로 위대한 행위들과 삶들이 장엄한 모습으로 윤곽을 뚜렷이 드러내게 된다. 그러다보니 우리는 만일 먼 시대와 장소에서 태어났다면, 우리 역시도 당시에 인간에게 도전하던 대의를 위해 영웅적으로 살았을지도 모른다는 생각이 들기 쉽다. 테르모필레(Thermopylae) 전투(B.C. 480년에 페르시아가 그리스를 두 번째 침공하여 벌인 전투/옮긴이)에서 장엄하게 죽었을 수도 있고, 벙커 힐(Bunker Hill) 전투(미국 독립전쟁 초기인 1775년에 영국군과 대륙군 사이에 벌어진 두 번째 전투/옮긴이)에서 싸웠을 수도 있고, 소크라테스와 함께 감옥에 갇혔을 수도 있고, 조르다노 브루노와 함께 화형대에 묶였을 수도 있지 않는가! 그러나 그건 착각일 뿐이다. 시간과 공간의 차이에 따른 착각에 지나지 않는다. 보통사람들에겐 삶은 언제나 평범했다. 삶이 고귀한 때는 사람이 삶을 고귀하게 살 때뿐이다. 인류에게 도전했던 대의는 예외 없이 오늘날에도 우리의 봉사를 요구한다. 유일한 성지(聖地)는 우리 발밑의 땅이다. 황금의 시대는 우리가 도와서 이뤄내야 할 더 나은 시대이다. 천상의 왕국은 우리가 내면적으로 천상의 왕국을 살고 있는 이곳이다. 지금 이 순간을 최고의 기회로 인식하고, 지금 하고 있는 작은 일을 지고한 소명으로 존경하는 것은 직업을 수양과 봉사, 건전성과 지혜를 더 많이 성취하는 길로 만드는 한 방법이다.